Basiswissen

Politik / Geschichte / Ökonomie

Ulrich Schneider

Die Résistance

PapyRossa Verlag

Eine Übersicht aller Titel der PapyRossa-Reihe Basiswissen Politik / Geschichte / Ökonomie finden Sie unter shop.papyrossa.de/basiswissen

Luxemburger Str. 202, D-50937 Köln

Tel.: +49 (0) 221 – 44 85 45
Fax: +49 (0) 221 – 44 43 05
E-Mail: mail@papyrossa.de
Internet: www.papyrossa.de

Druck: Interpress

Die Deutsche Bibliothek verzeichnet diese Publikation in der Deutschen Nationalbibliografie; detaillierte bibliografische Daten sind im Internet über http://dnb.d-nb.de abrufbar

ISBN 978-3-89438-627-6

Inhalt

1.
Die Vorgeschichte des französischen Widerstandskampfes

Die Volksfront und ihr Ende

Um die Geschichte der französischen Widerstandsbewegung zu verstehen, ist es notwendig, die französische Innenpolitik und die internationalen Rahmenbedingungen zu betrachten. Diese sind in vielfältiger Form beeinflusst durch das deutsch-französische Verhältnis seit dem Ende des Ersten Weltkrieges und den Umgang mit dem deutschen Faschismus.

Ende der 1920er Jahre hatten sich – ausgehend von dem politischen Ausgleich in Gefolge des Vertrages von Locarno – die deutsch-französischen Beziehungen normalisiert. Zwar gab es im ideologischen Repertoire der Rechtskräfte in Deutschland und Frankreich weiterhin die Parole der »Erbfeindschaft«, aber im alltäglichen Kontakt entspannte sich dieses Verhältnis. Durch die Machtübertragung an den deutschen Faschismus und dessen offener Ankündigung, den Versailler Vertrag und alle Folgevereinbarungen in Frage zu stellen, war auch die französische Außenpolitik herausgefordert. Zudem wurde man direkt mit den Folgen der faschistischen Verfolgung politischer Gegner und anderer nicht zur »Volksgemeinschaft« Gezählter konfrontiert. Über die französische Grenze flüchteten schon seit Anfang 1933 zahlreiche deutsche politische Flüchtlinge und rassisch Verfolgte, die jedoch in Frankreich keine Aufenthaltsrechte besaßen. Diese Emigranten lebten dort unter Ausländerrecht. Sie mussten sich in regelmäßigen Abständen bei der Fremdenpolizei melden, um einen Stempel für eine befristete Aufenthaltsgenehmigung zu bekommen, und besaßen zumeist keine Arbeitserlaubnis. Unterstützung erhielten diese Menschen entweder von Landsleuten, die bereits legal in Frankreich lebten, oder von politischen und religiösen Netzwerken, die ihnen ein Überleben sicherten.

Außenpolitisch war die französische Regierung zunehmend gefordert, auf die öffentlich sichtbaren Schritte der deutschen Regierung zum Bruch des Versailler Vertrages zu reagieren. Insbesondere die Maßnahmen der militärischen Aufrüstung erwiesen sich als Bedrohung für Frankreich. Damit waren nicht nur die Wiedereinführung der Wehrpflicht und der Aufbau neuer militärischer Einheiten gemeint – Frankreich sah sich immer noch deutlich besser gerüstet –, sondern bald auch die Besetzung des entmilitarisierten Rheinlands und damit die Stationierung deutscher Truppen unmittelbar an der französischen Grenze.

In der französischen Innenpolitik ergab sich – nicht zuletzt vor dem Hintergrund der außenpolitischen Entwicklung – eine Verschiebung von einer anfangs zurückhaltenden Politik zu einer kritischen Positionierung gegenüber der NS-Herrschaft. Dies hatte auch damit zu tun, dass die französischen Faschisten des »Croix de Feu« (»Feuerkreuzler«) und der »Action Française« sich durch die Entwicklungen in Italien und in Deutschland motiviert sahen, selber ihren Machtanspruch zu erheben.

Am 6. Februar 1934 versuchten die militanten Kräfte der extremen Rechten mit einer gewalttätigen Massendemonstration und einem Angriff auf das Parlament die Republik zu stürzen. Etwa 30.000 Mitglieder faschistischer »Ligen« und von Veteranenverbänden, darunter zwanzig Gemeinderatsmitglieder, marschierten vor dem Palais Bourbon, wo das Parlament tagte, auf. Am frühen Abend begann eine Straßenschlacht, bei der Demonstranten versuchten, die Polizeikette auf dem Pont de la Concorde zu durchbrechen und das Parlament zu stürmen. Die Straßenschlacht dauerte etwa bis Mitternacht, wobei die Polizei Schusswaffen einsetzte. Die blutige Bilanz: über 15 Tote und gut 2.000 Verletzte.

Obwohl ihm im Abgeordnetenhaus noch das Vertrauen ausgesprochen worden war, trat der damalige Premierminister Édouard Daladier mit seiner Regierung am folgenden Tag zurück.

Staatspräsident Albert Lebrun nahm dies zum Anlass, eine Regierung zu berufen, die Frankreich nach rechts öffnen sollte (»Union nationale«). Auch wenn der faschistische Putsch im ersten Schritt durch die Polizei gebremst worden war, bestand die Gefahr einer politischen Rechtsentwicklung. Zudem war bei der Aktion deutlich geworden, wie viele Vertreter des Militärs und des Polizeiapparates sich auf der Seite der Aufständischen befanden.

Die bürgerlichen Parteien und weitere Teile der gesellschaftlichen Eliten reagierten auf den Machtanspruch der Faschisten mit ihrer eigenen Rechtsentwicklung. Anders die Kommunistische Partei Frankreichs (Parti Communiste Français, im Folgenden abgekürzt als PCF; anders als im Deutschen mit männlichem Artikel), die in den folgenden Tagen mit einer Massendemonstration am 9. Februar und dem Aufruf zum Generalstreik den politischen Widerstand zur Verteidigung der demokratischen Freiheiten eröffnete. Trotz der auch in Frankreich vorhandenen politischen Spaltung zwischen den kommunistischen und den sozialdemokratischen Parteien und anderen Organisationen kam es am 12. Februar zu einem 24-stündigen Generalstreik, der von allen Gewerkschaften und linken politischen Organisationen getragen wurde. Die Bereitschaft innerhalb der arbeitenden Bevölkerung zur antifaschistischen Einheit führte dazu, dass sich die getrennten politischen Demonstrationszüge der linken Parteien zu einer Massenkundgebung mit 150.000 Teilnehmenden vereinigten, auf der die Losung »Einheit! Einheit!« erklang. Erleichtert wurde dieses Zusammengehen, da die sozialistische SFIO, die zuvor die Daladier-Regierung mitgetragen hatte, von Lebrun bei der neuen Regierungsbildung bewusst ausgeschlossen worden war. Nun gab es keine Notwendigkeit der »Rücksichtnahme« mehr. So wurde – anders als in Deutschland im Januar 1933 – deutlich, dass die geeinte Arbeiterbewegung einem rechten Vormarsch erfolgreich entgegentreten konnte.

Ein weiterer Schritt dieser neu gewonnenen Einheit war die Bereitschaft der seit Jahren politisch gespaltenen Arbeiterparteien, sich grundsätzlicher auf eine politische Zusammenarbeit einzulassen. Am 27. Juli 1934 unterzeichneten französische Kommunisten und Sozialisten einen Pakt der Aktionseinheit. Mit Blick auf die kommenden Parlamentswahlen schlossen sie ein Wahlbündnis, dem sich auch die linksliberalen »Radicaux« anschlossen. Genannt wurde das Bündnis »Sammlung des Volkes (Rassemblement populaire) für Brot, Frieden und Freiheit«. Im Alltag sprach man einfach nur vom »Front populaire«, von der Volksfront.

Einfluss auf diese Entscheidung hatten nicht allein innenpolitische Ereignisse, sondern auch die Debatten auf internationaler Ebene. Georgi Dimitroff hatte seit Ende 1933 in den Leitungsgremien der Kommunistischen Internationale (KI), als deren Sektion sich der PCF verstand, eine politische Neuorientierung angestoßen. In seinem Referat auf dem VII. Weltkongress der KI 1935 betonte er als zentrale Aufgabe die »Herstellung der Einheitskampffront der Arbeiterklasse« mit dem Ziel, deren unmittelbare wirtschaftliche und politische Interessen und die bürgerlich-demokratischen Freiheiten zu verteidigen sowie den Kampf gegen die faschistische Offensive und die Gefahr eines imperialistischen Krieges zu führen. Grundlegend für eine solche Einheitsfront-Strategie war eine Revision des Verhältnisses zur Sozialdemokratie. Man verabschiedete sich endgültig vom Begriff des »Sozialfaschismus« und strebte ein gleichberechtigtes Miteinander auf allen Ebenen an.

Diese Einheitsfront der Arbeiterklasse sollte den Nukleus bilden für ein umfassenderes antifaschistisches Bündnis, für die antifaschistische Volksfront, für die auch jene »im Widerspruch zum Faschismus stehende(n) bzw. geratende(n) bäuerliche(n), kleinbürgerliche(n), intellektuelle(n), christliche(n), bürgerlich-demokratische(n) Bevölkerungsgruppen« gewonnen werden müssten. Dimitroff betonte, dass die KI hier besonders auf die französischen Erfahrungen Bezug nehme.

Doch auch in Frankreich war die Zusammenarbeit nicht unproblematisch. Es dauerte ein gutes Jahr, bevor am 14. Juli 1935, dem französischen Nationalfeiertag, die Volksfront eine feste Form annahm. 10.000 Delegierte aus 69 Organisationen der Arbeiterbewegung, aber auch linksbürgerlicher Kräfte kamen in Paris zu einem Volksfront-Kongress zur Verteidigung der Republik zusammen. Den Schlusspunkt setzte eine Demonstration mit mindestens 500.000 Menschen, an der auch Daladier teilnahm. In den folgenden Monaten nahm die Bewegung für eine Volksfront in Frankreich deutlich Fahrt auf. Bürgerliche Kräfte sahen in der deutschen Besetzung des »entmilitarisierten Rheinlands« und dem italienischen Vormarsch in Abessinien eine Gefahr für französische Interessen. Die Regierung Laval verlor ihre Mehrheit im Parlament, während sich im Januar 1936 die linken Parteien auf ein Volksfront-Programm verständigten.

Ein wichtiges Fundament dieser Zusammenarbeit war die Wiedervereinigung der beiden größten Gewerkschaftsbewegungen, der CGT (sozialdemokratisch orientiert) und der CGT-U (kommunistisch orientiert). Nach fünfzehnjähriger Spaltung vereinigten sie sich 1936 zur »Confédération Générale du Travail« (CGT) und zur einflussreichsten Massenorganisation.

Da in Frankreich das Mehrheitswahl-Prinzip besteht, war die Verständigung zwischen den Parteien eine wesentliche Voraussetzung zur Eroberung von Wahlkreisen. Es gab auf der Linken die Absprache, dass im zweiten Wahlgang der jeweils Bestplatzierte als gemeinsamer Kandidat unterstützt werde. Damit konnte die Linke deutlich mehr Mandate erreichen als in allen vorherigen Wahlgängen.

Zwar hatte sich das Stimmenverhältnis zwischen den Blöcken der rechten und der linken Parteien nur gering verändert (die Rechten verloren 100.000 Stimmen = 4,2 Millionen, die Linken gewannen 300.000 Stimmen hinzu = 5,4 Millionen), dennoch erreichten die Parteien der Volksfront bei den Kammerwahlen im Mai 1936 eine klare Mehrheit.

Wichtig war dabei auch die Kräfteverschiebung innerhalb der Linken. Die Radikalen verloren 400.000 Wähler, die Zahl ihrer Abgeordneten sank von 157 auf 109. Die Sozialisten (SFIO), die ihre Wählerzahl (1,9 Millionen) halten konnten, verfügten nun über 149 Deputierte (bisher 129), und die Kommunisten verdoppelten ihre Stimmenzahl auf 1,5 Millionen Wähler und erzielten 72 Mandate (bisher 12).

Die Verhandlungen der Linksparteien führten dazu, dass am 4. Juni 1936 Léon Blum Premierminister (»Président du Conseil«) einer linken Koalitionsregierung wurde, unterstützt von den kommunistischen Abgeordneten, ohne dass der PCF selber in die Regierung eintrat. Obwohl es noch kein gesetzliches Frauenwahlrecht gab, holte Blum auch drei Ministerinnen ins Kabinett. Die Reaktion der extremen Rechten und ihrer Medien war entsprechend. Gegen Léon Blum wurde – in der Tradition der Dreyfus-Affäre – eine antisemitische Kampagne gegen den »juif errant« (wurzelloser, »wandernder Jude«) entfacht, die vor bösartigen Verleumdungen strotzte. Bemerkenswert ist, dass sich diese Kampagne in der gesellschaftlichen Stimmung des Jahres 1936 nicht durchsetzen konnte.

Stattdessen weckte die Volksfront-Regierung 1936 hohe Erwartungen an eine linke politische Entwicklung. Der Wahlsieg der Linken löste zudem eine spontane Massenbewegung aus, in der sich der jahrelang aufgestaute soziale Druck entlud. Sichtbar wurde das in Massenstreiks, die das ganze Land erfassten. Die ersten Aktionen starteten – anfangs ohne Beschlüsse der Gewerkschaftsorganisationen – bereits Anfang Mai 1936. Auf dem Höhepunkt der mächtigen Streikwelle Anfang Juni 1936 kämpften anderthalb bis zwei Millionen Lohnabhängige. Diese Bewegung erfasste nicht nur Arbeiter, sondern fand Unterstützung bei Bauern, kleinen Händlern und selbst unter Geschäftsleuten. Sie versorgten die Streikenden mit Nahrungsmitteln. Innerhalb der Arbeiterschaft kamen neue Schichten in Bewegung, so streikten zum ersten Mal in breitem Umfang auch Arbeiterinnen. Auch neue Kampfformen, so vor allem Betriebsbesetzungen, waren an der Tagesordnung.

Das Ergebnis waren die »Accords Matignon«. Damit wurde durchgesetzt: Abschluss kollektiver Arbeitsverträge; Anerkennung der Gewerkschaften und Einstellung jeglicher Diskriminierungsmaßnahmen wegen Gewerkschaftszugehörigkeit und -tätigkeit; Wahl von Arbeiterdelegierten in den Betrieben; Anpassung anormal niedriger Löhne und eine allgemeine Lohnerhöhung von durchschnittlich 12%. Diese Bestimmungen wurden ergänzt durch eine Reihe von Sozialgesetzen, die in den folgenden Tagen im Parlament zur Abstimmung gelangten: Einführung der 40-Stunden-Woche; Gesetz über den kollektiven Arbeitsvertrag; bezahlter Urlaub von zwei Wochen; Nationalisierung eines Teils der Rüstungsindustrie und Reorganisation der Banque de France.

Die Parlamentsbeschlüsse über die »Accords Matignon« und die Sozialgesetzgebung erfolgten ohne offene Opposition der Rechten. So groß war das Erschrecken über die Kampfbereitschaft, die spontanen Betriebsbesetzungen und andere Aktionsformen, deren »Ausufern« man auf alle Fälle verhindern wollte. Die Annahme der Gesetze war zudem von den Streikausschüssen als Voraussetzung für eine Wiederaufnahme der Arbeit ausgegeben worden. Durch diese Bestimmungen wurde die Erinnerung an die Volksfront-Regierung nachhaltig geprägt.

Die Volksfront-Regierung zeigte anfangs eine deutliche antifaschistische Orientierung. Ausgehend von den Erfahrungen des Februaraufstandes 1934 wurden am 30. Juni 1936 die rechtsextremen »Bünde« (ligues), die bestehenden Ansätze von faschistischen Massenorganisationen, verboten und aufgelöst. Auch bezogen auf die Ausländerpolitik änderte sich die Haltung der französischen Regierung. So wurde der rechtliche Status von politischen Flüchtlingen und rassisch Verfolgten verbessert. Sie mussten sich – nach einer bestimmten Aufenthaltsdauer in Frankreich – nicht mehr regelmäßig bei der Fremdenpolizei melden und bekamen zudem eine Arbeitsgenehmigung. Damit konnten viele Emigranten eine legale Existenz in Frankreich aufbauen.

Die Volksfront hatte auch Auswirkungen auf die politische Tätigkeit der Emigranten. Ein sichtbares Zeichen war der aus einer Initiative des führenden KPD-Funktionärs Willi Münzenberg vom Herbst 1935 hervorgehende »Ausschuss zur Vorbereitung einer deutschen Volksfront«. Am 2. Februar 1936 fand auf Einladung des Schriftstellers Heinrich Mann und des saarländischen SPD-Funktionärs Max Braun in Paris im Hotel Lutetia die erste Volksfront-Konferenz mit über 100 Teilnehmern statt. Die Zusammensetzung spiegelte die antifaschistische Volksfront-Strategie wider: Knapp ein Viertel waren Mitglieder der KPD, unter ihnen neben Willi Münzenberg das Politbüromitglied Franz Dahlem, ein weiteres Viertel waren Sozialdemokraten und Sozialisten, unter ihnen Rudolf Breitscheid und Willy Brandt, gut ein Drittel waren Anhänger bürgerlicher und katholischer Exilgruppen. Außerdem gehörten dazu Exilschriftsteller wie Klaus Mann, Lion Feuchtwanger, Ernst Toller, Ludwig Marcuse, Emil Ludwig und Leopold Schwarzschild. Eine solche Gemeinsamkeit deutscher Antifaschisten hatte es bis dahin nicht gegeben. Es schmälert nicht den politischen Wert dieses Bündnisses, dass es ihm neben Protesterklärungen und Hilfsaufrufen für die spanische Republik nur gelang, den programmatischen »Aufruf an das deutsche Volk« vom Dezember 1936 herauszugeben. Die ideologischen Unterschiede standen bei vielen Debatten weiterhin im Vordergrund, und die Rückkoppelung der gemeinsamen Positionen in die eigenen Organisationen war insbesondere bei den sozialdemokratischen Vertretern, die ohne Mandat ihrer Parteiführung an diesen Debatten teilnahmen, nicht gewährleistet. Belastet wurde die Tätigkeit des Ausschusses außerdem durch die Moskauer Prozesse seit Sommer 1936. (Vgl. Langkau-Alex: Deutsche Volksfront 1932-1939, Bd. 2) Auch im Verhältnis zwischen PCF und SFIO führte der Streit über diese Prozesse in den folgenden Monaten zu einer Spaltung, die Auswirkungen auf die Politik der Volksfront hatte.

Ein weiterer Streitpunkt war die widersprüchliche Haltung der Regierung Léon Blum gegenüber der spanischen Republik und ihrem Kampfes gegen den Franco-Putsch. Nachdem Blum sich in den ersten Tagen noch für die aktive Unterstützung der spanischen Republik ausgesprochen hatte, schwenkten er und sein Kriegsminister Édouard Daladier und mit diesem auch dessen politische Partei, die Radicaux, – auch auf Druck der britischen Regierung – Anfang September 1936 auf einen »Nicht-Einmischungs«-Kurs ein, was faktisch die Isolierung der spanischen Republik bedeutete. Blum selber soll diesen Politikwechsel Anfang August 1936 vorgeschlagen haben, da seine Regierung insbesondere von der politischen Rechten, aber auch von seinem Koalitionspartner, den Radicaux, und Teilen der SFIO unter Druck gesetzt worden war. Die katholische Kirche agitierte insbesondere gegen den PCF wegen der angeblichen Schändungen von Kirchen durch »Rote« in Spanien. In der Konsequenz sprach die Regierung Blum ein Verbot von Waffenlieferungen und anderer Güter an die spanische Republik aus. Antifaschisten, die sich den Internationalen Brigaden anschließen wollten, wurden oftmals an der Überquerung der französisch-spanischen Grenze gehindert, wobei es dennoch gelang, mehrere tausend Freiwillige nach Spanien einzuschleusen.

Zum deutlichen Signal des politischen Wandels der Volksfront-Regierung wurde eine Aktion gegen die französischen Faschisten Mitte März 1937. Am 16. März 1937 demonstrierten antifaschistische und Arbeiterorganisationen in der Pariser Vorstadt Clichy-la-Garenne gegen eine Veranstaltung der profaschistischen, militaristischen Organisation »Parti social français« (PSF) unter dem Colonel Henri La Rocque, die nach dem gesetzlichen Verbot der Croix-de-Feu (»Feuerkreuzler«) sofort deren Stelle eingenommen hatte. Statt ein Verbot der faschistischen Nachfolgeorganisation durchzusetzen, schützte die Polizei deren Aufmarsch und eröffnete das Feuer auf die Protestdemonstration. Das Ergebnis waren sechs Tote und über 200 Verletzte.

Mit dem Ende der ersten Regierung Blum im Juni 1937, die an Konflikten zwischen der SFIO und den »Radicaux« gescheitert war, orientierte die neue Regierung unter dem Premierminister Camille Chautemps zunehmend auf die britische Appeasement-Politik, die sich weder der deutschen Aufrüstung noch den deutschen Gebietsforderungen entgegenstellte. Zum negativen Höhepunkt dieser den Faschismus tolerierenden Politik wurde das Münchner Abkommen vom September 1938 zulasten der Tschechoslowakei. Die deutsche Forderung nach Annexion der westlichen Grenzgebiete der Tschechoslowakei, des sogenannten Sudetengebietes, die vor Ort von der separatistischen Sudetendeutschen Partei (»Henlein-Bewegung«) vorangetrieben wurde, beantworteten die Garantiemächte der ČSR Frankreich, Großbritannien und Italien mit einer diplomatischen Aktion, die ihresgleichen suchte. In einer eilig einberufenen Konferenz in München folgten der britische Premierminister Neville Chamberlain, Édouard Daladier, inzwischen zum französischen Premierminister avanciert, und Benito Mussolini für Italien der Forderung Adolf Hitlers und übertrugen das »Sudentengebiet« an das Deutsche Reich. Die tschechoslowakische Regierung unter Edvard Beneš wurde anschließend beim »Befehlsempfang« über den Beschluss in Kenntnis gesetzt. Daladier erklärte bei seiner Rückkehr nach Paris, damit sei »der Friede in Europa gesichert« worden. Faktisch war es eine Unterwerfung unter den deutschen Expansionsdrang. Mit dieser Entscheidung waren auch die letzten Reste der Volksfront-Politik in Frankreich beendet.

Die Internierung der Spanienkämpfer und der spanischen Flüchtlinge

Vor diesem Hintergrund überrascht auch nicht die Haltung der französischen Regierung gegenüber den Kämpfern der Internationalen Brigaden, die seit Ende 1938 auf Beschluss der republikanischen Regierung Spanien verließen. Wie bereits gesagt, galten alle Unterstützungsmaßnahmen für die Republik als illegal. Konsequenterweise wurden die Interbrigadisten bei ihrer Ankunft auf französischem Boden nicht etwa wie antifaschistische Freiheitskämpfer begrüßt, sondern in z. T. sehr provisorisch errichteten Lagern an der Mittelmeerküste interniert.

Mit dem Fall von Barcelona am 26. Januar 1939 und von Girona am 5. Februar 1939 kamen mehr als eine halbe Million spanischer Flüchtlinge zur französischen Grenze, um der Verfolgung durch die Franco-Truppen zu entgehen. Erst durch internationalen Druck war die Regierung Daladier bereit, ihnen ab Februar 1939 die legale Einreise nach Frankreich zu genehmigen. Daraufhin strömten hunderttausende Flüchtlinge sowie die Reste der republikanischen Regierung und der spanischen republikanischen Volksarmee nach Frankreich.

Nach offiziellen Angaben flüchteten bis Anfang März 1939 etwa 440.000 Spanier in das französische Département Pyrénées-Orientales. Unter ihnen waren 170.000 Frauen, Kinder und ältere Menschen, 220.000 Soldaten und Milizionäre, 40.000 Invaliden sowie 10.000 Verwundete. Die französische Regierung entschied sich, die Flüchtenden ca. 35 km von der spanischen Grenze entfernt an den Stränden der Stadt Argelès-sur-Mer zu internieren. Es war das erste einer Reihe von Internierungslagern. Ihm folgten Lager in Gurs, Le Barcarès, Saint-Cyprien, Camp de Rivesaltes, Le Vernet und Septfonds.

Die meisten dieser Lager waren nur für einen provisorischen Aufenthalt eingerichtet. Einzig das Lager Gurs war für eine dauerhafte Internierung geschaffen. Es wurde im April 1939 auf einem feuchten, 80 Hektar großen Gelände zur Unterbringung vor allem für Flüchtlinge und Spanienkämpfer errichtet. Es umfasste ursprünglich 400 schlichte hölzerne Baracken und war mit einem doppelten Stacheldrahtzaun umgeben. In den ersten Monaten wurden hier knapp 25.000 Spanienkämpfer, Flüchtlinge und Basken interniert. Nach dem deutschen Angriff wurden ab Mai 1940 auch »unerwünschte Personen«, welche schon vorher und dann nach der Niederlage Frankreichs von der Vichy-Regierung verhaftet wurden, dort untergebracht. In der ersten Jahreshälfte 1940 waren knapp 10.000 Emigranten aus Deutschland und Österreich dort interniert, fast 3.700 Spanier und Basken, aber auch 1.300 Franzosen, die als »unerwünschte Personen« galten, zumeist Kommunisten und andere Linke.

Französische Politik zu Beginn des Krieges

Angesichts der sich im Frühjahr 1939 verschärfenden Kriegsgefahr veröffentlichte der PCF im Mai einen dringenden Appell zur Schaffung eines Systems der »kollektiven Sicherheit der Staaten« gegen die faschistischen Aggressionen in verschiedenen Teilen Europas. Für die Innenpolitik forderte er »eine echte Regierung der nationalen Verteidigung, welche sich auf die Masse des französischen Volkes und in erster Linie auf die Volksfront stützt«. Doch auf diesen Appell für eine linke Regierung antwortete die SFIO nicht. Stattdessen beschloss sie auf ihrem gleichzeitig stattfindenden Parteitag eine deutliche Absage an die Volksfront-Politik und ein Verbot von Einheitsfrontaktionen mit den Kommunisten.

Außenpolitisch reagierte die französische Regierung in der gleichen Manier. Statt den französisch-sowjetischen Beistandspakt von 1935 zu aktivieren und auf ein kollektives Sicherheitssystem unter Einschluss der Sowjetunion hinzuwirken, um den deutschen Expansionsgelüsten einen Riegel vorzuschieben, versuchte sie nach dem Münchner Diktat erneut, mit dem faschistischen Deutschland einen Deal zulasten Dritter vorzubereiten, dieses Mal bezogen auf die deutschen Forderungen gegenüber Polen, obwohl Frankreich zugleich eine von dessen Garantiemächten war. Wiederum bewegte man sich im »Windschatten« der britischen Außenpolitik, die in der Sowjetunion den weitaus größeren Feind sah als in Hitlerdeutschland. Dies zeigte sich bei den von der UdSSR angeregten Bündnisgesprächen mit Großbritannien und Frankreich zum Schutz Polens im Frühsommer 1939, die aufgrund der hinhaltenden britischen Reaktionen zu keinem Ergebnis führten.

Als daraufhin die UdSSR mit dem Abschluss des deutsch-sowjetischen Nichtangriffsvertrages vom August 1939 ihre sicherheitspolitischen Interessen auf andere Weise zu wahren versuchte, reagierte die französische Regierung innenpolitisch prompt mit massiven Verfolgungsmaßnahmen gegen die deutschen Emigranten und den PCF, die als »Vertretung einer feindlichen ausländischen Macht« bezeichnet wurden.

Die Haltung der Regierung Daladier gegenüber Deutschland und seiner Kriegspolitik war dagegen moderat. Als die deutsche Wehrmacht am Morgen des 1. September 1939 Polen überfiel, verurteilte die französische Regierung den deutschen Überfall und erklärte am 3. September 1939 gemäß des Beistandsabkommens mit Polen Deutschland formell den Krieg. Faktisch wurden jedoch keine nennenswerten Kampfhandlungen an der deutsch-französischen Grenze ausgelöst. Der Zwei-Fronten-Krieg, den die deutsche Militärführung befürchtet hatte, fiel auf Grund der französischen – und britischen – Nicht-Reaktion aus. Angesichts dieser absurden Situation: Kriegserklärung, aber keine Kampfhandlungen sprach man in Frankreich von einem »Drôle de Guerre« (komischer Krieg). Daladier legitimierte diese Politik öffentlich mit Hinweis auf die Aussagen der französischen Militärführung, die die eigene Armee als nicht stark genug gegenüber der hochgerüsteten deutschen Wehrmacht bezeichnete.

In der Innenpolitik wurde derweil massiv durchgegriffen. Mit dem Verbot des PCF als »ausländische Macht« wurden auch seine Zeitungen unterdrückt. Funktionäre wurden zeitweilig interniert. Nur die kommunistischen Abgeordneten hatten noch das Recht auf öffentliche Auftritte, einige von ihnen wurden – trotz Immunität – dennoch verhaftet. In einer »Erfolgsbilanz« listete das französische Innenministerium 1940 auf: »2.778 gewählte Kommunisten ihrer Mandate beraubt, 300 kommunistische Gemeinderäte aus ihren Ämtern entfernt, *l'Humanité* und *Ce Soir* sowie weitere 159 Zeitungen und Zeitschriften verboten, die kommunistisch beeinflussten Gewerkschaften und Massenorganisationen aufgelöst, 3.400 Kommunisten verhaftet, zahlreiche weitere interniert.« (Exil in Frankreich, S. 39) Trotz dieser Zahlen war der PCF nicht zerschlagen, seine politischen Netzwerke funktionierten noch. Auch die *l'Humanité* erschien in einer illegalen Ausgabe. Jedoch war ihr Einfluss auf die öffentliche Meinungsbildung durch diese staatliche Verfolgung deutlich eingeschränkt. In diesen Monaten sammelte der PCF wichtige Erfahrungen im illegalen Kampf, etwa beim Aufbau konspirativer Strukturen und bei der Herausgabe verbotener Zeitungen, die später hilfreich waren.

Auch gegen die politischen Emigranten, von denen sich 1939 mehrere tausend in Paris und anderen Städten aufhielten, ging die Regierung vor. Nach dem deutschen Überfall auf Polen wurde das Asylrecht für deutsche Flüchtlinge aufgehoben. Am 5. September 1939 wurden fast alle deutschen Männer, die ja bei der Fremdenpolizei registriert waren, interniert. In Paris mussten sie sich im Stade de Colombes, einem Sportstadion einfinden, wo sie registriert wurden und unter katastrophalen hygienischen Bedingungen auf ihren Abtransport in die Internierungslager warten mussten. Im Mai 1940 folgte die Internierung zahlreicher Frauen. Sie mussten sich im Vélodrome d'Hiver, das als Sammelstelle diente, einfinden. Von dort wurden allein 3.000 deutsche Emigrantinnen in die Internierungslager im Süden Frankreichs verbracht. Die politischen Flüchtlinge wurden damit praktisch »Doppelverfolgte«. Hinter dieser Internierungspolitik stand jedoch kein Konzept, so dass nach einigen Wochen auch deutsche politische Emigranten wieder entlassen wurden und ihrer politischen Tätigkeit – wenn auch nur konspirativ – nachgehen konnten.

Öffentlich erklärte die französische Regierung, man müsse sich auf einen möglichen Krieg mit Deutschland vorbereiten. Aber die einzige Maßnahme, die für die Bevölkerung von dieser Politik sichtbar war, war die Abschaffung der Errungenschaften der Volksfront-Regierung. So wurde beispielsweise – begründet mit der Kriegssituation – das Gesetz zur 40-Stunden-Woche zurückgenommen. Eine gesellschaftliche Mobilmachung fand jedoch nicht statt.

Warum scheiterte die französische Demokratie?

Warum ist die französische Demokratie in der Phase der faschistischen Bedrohung so kläglich gescheitert? In den Parlamentswahlen 1936 war deutlich geworden, dass es innerhalb des französischen Wahlvolkes einen deutlichen Willen für eine politische Entwicklung nach links gab.

Doch die Durchsetzung politischer Veränderungen war nicht an Mehrheitsverhältnisse im Parlament oder an einzelne Regierungschefs gebunden. Diese wechselten ungewöhnlich häufig. Allein in den sieben Jahren von 1933 bis 1940 gab es sechzehn Regierungschefs, von denen einige wie Camille Chautemps und Édouard Daladier sogar mehrfach an-, jedoch bei entsprechenden Misstrauensvoten auch wieder zurücktraten.

In der französischen Politik ging es offenkundig weniger um die Gewinnung parlamentarischer Mehrheiten als vielmehr um eine institutionelle Durchsetzung politischer Vorgaben der herrschenden Kreise. Solange die Volksmassen in Bewegung waren und ihre Rechte massiv einforderten wie in den Anfangswochen der Volksfront-Regierung, war man zu Konzessionen bereit. Nach dem Zerbrechen der Volksfront wurden die erzwungenen Zugeständnisse aber Schritt für Schritt wieder zurückgenommen. Längst hatte sich in der französischen Bourgeoisie aus Furcht vor einem erneuten linken Massenaufbruch die Stimmung durchgesetzt »Plutôt Hitler que le Front populaire« (Lieber Hitler als die Volksfront). So kann es nicht überraschen, dass sogar zwei Regierungschefs der Dritten Republik, Pierre Laval und Pierre-Étienne Flandin, später im Vichy-Regime von Philippe Pétain ebenfalls die Funktion eines Regierungschefs bekleideten. Frankreich aber wurde auf diese Weise in seiner Widerstandsfähigkeit gegen die faschistische Aggression entscheidend geschwächt.

2.
Der deutsche Angriff, das Vichy-Regime und die Anfänge der Résistance

Der militärische Angriff

Der Angriff der deutschen Truppen am 10. Mai 1940 veränderte nicht nur die außenpolitischen Verhältnisse, sondern auch die innenpolitische Situation Frankreichs. Es wurde deutlich, dass die vielfach gezeigte Bereitschaft zum »Appeasement« und zur Anerkennung deutscher politischer Vormachtansprüche durch die französische Regierung die längst geplante militärische Aggression nicht verhindert hatte.

Und wieder wurde wie im Ersten Weltkrieg der Schlieffen-Plan umgesetzt. Die militärische Hauptstoßrichtung verlief erneut über Belgien, um die französischen Befestigungsanlagen, die Maginot-Linie, zu umgehen. Anders als 1914 gelang es der französischen Armee jedoch nicht, diesen Vormarsch zu stoppen und in einen »Stellungskrieg« umzuwandeln. Gründe dafür waren die veränderte Militärtechnik durch den Einsatz der modernen deutschen Panzerverbände und die damit koordinierten Angriffe der deutschen Luftwaffe. Während im Denken des französischen Generalstabes noch die Schablonen des Ersten Weltkrieges vorherrschten, setzte die deutsche Wehrmacht ihre »Blitzkriegsstrategie« um. Nach knapp sechs Wochen musste die französische Armee ihre Niederlage eingestehen. Selbst ein britisches Expeditionskorps, das zur Unterstützung Frankreichs in Dünkirchen gelandet war, musste sich aufgrund der militärischen Überlegenheit der deutschen Kampftruppen unter schweren Verlusten auf die britische Insel zurückziehen.

Mit dem deutschen Vormarsch verbunden war eine riesige Fluchtbewegung. Etwa zwei Millionen Menschen aus den Niederlanden, Belgien und Luxemburg versuchten vor den vorrückenden deutschen Einheiten in Richtung Südfrankreich zu entkommen. Zu ihnen kamen noch die Franzosen, die sich mit einfachen Fahrzeugen, teilweise sogar zu Fuß auf die Flucht (den »Exode«) begaben. Mehrere tausend Zivilisten wurden bei Angriffen der deutschen Luftwaffe auf diese Flüchtlingsströme getötet. Als die deutschen Truppen sich Paris näherten, flohen etwa zwei Drittel der Einwohner der Hauptstadt ebenfalls in Richtung Süden. Man spricht davon, dass zwischen acht bis zehn Millionen Franzosen (etwa ein Viertel der französischen Bevölkerung) vor den deutschen Truppen flohen, 90.000 Kinder wurden anschließend vermisst.

Der schnelle deutsche Vormarsch in Richtung Paris führte zum Zusammenbruch des politischen Systems Frankreichs innerhalb weniger Tage. Zwar hatte Premierminister Paul Reynaud den populären Marschall des Ersten Weltkrieges Philippe Pétain, »Held von Verdun«, am 18. Mai 1940 in die Regierung berufen und ihn zu seinem Stellvertreter ernannt. Doch dieser Schritt erwies sich für Frankreich als in jeder Hinsicht verhängnisvoll. Während Reynaud nach dem Fall von Paris am 14. Juni 1940 und angesichts der kommenden Niederlage für eine Fortsetzung des militärischen Widerstandes plädierte, zur Not von den Kolonien aus, trat Pétain, der dies für aussichtslos hielt, für eine Kapitulation ein. Da Reynaud mit seiner Ansicht im Kabinett in der Minderheit blieb, trat er am 16. Juni von seinem Amt zurück.

Der PCF forderte schon in den ersten Tagen des Angriffs, sich im Kampf um die Unabhängigkeit der französischen Nation nicht nur auf das Militär, sondern auf die Volksmassen zu stützen. Dabei forderte die Partei in der *l'Humanité* – entgegen der Haltung der Regierung – auch zur militärischen Landesverteidigung auf und rief ihre Mitglieder zur freiwilligen Meldung in die Armee auf. Auch Maurice Thorez, Generalsekretär des PCF, meldete sich freiwillig aus der Illegalität heraus, in die ihn die Regierung gedrängt hatte. Diese Position änderte sich, als Regierung und Armeeführung deutlich machten, dass sie die militärische Verteidigung des Landes nicht konsequent betrieben.

Staatspräsident Albert Lebrun beauftragte stattdessen den mittlerweile 84-jährigen Pétain mit der Bildung einer neuen Regierung, die bereits am nächsten Tag beim deutschen Generalstab die Bedingungen für einen Waffenstillstand sondierte. In einer Radioansprache an das französische Volk verteidigte Pétain am 17. Juni seine Haltung: »Sicher des Vertrauens des gesamten Volkes, stelle ich meine Person Frankreich zur Verfügung, um sein Leid zu mildern … Ich teile Ihnen heute mit schwerem Herzen mit, dass es Zeit ist, diesen Kampf zu beenden. Ich habe mich diese Nacht an den Gegner gewendet, um ihn zu fragen, ob er bereit ist zusammen mit uns, unter Soldaten, nach dem Kampf und in Ehre, die Mittel zu suchen, um den Feindseligkeiten ein Ende zu setzen.« (zit. nach: Wikipedia, Eintag zu Philippe Pétain, abgerufen 30.6.2018)

Von einer »ehrenvollen Beendigung der Feindseligkeiten« konnte anschließend jedoch keine Rede sein. Am 22. Juni 1940 wurde im Wald von Compiègne, dort wo 1918 die deutsche Kapitulation besiegelt worden war, ohne jegliche Verhandlung das deutsch-französische Waffenstillstandsabkommen unterzeichnet. Ort und Form der Kapitulation waren auf die propagandistische Wirkung in der deutschen und französischen Öffentlichkeit angelegt.

Zwar spricht man allgemein vom besetzten und vom unbesetzten Frankreich, aber tatsächlich gab es fünf Gebiete mit unterschiedlichen Situationen. Drei Regionen wurden faktisch aus dem französischen Staatsgebiet ausgegliedert. Dabei handelte es sich um

- die Départements Nord und Pas-de-Calais. Sie kamen in den Machtbereich des Militärbefehlshabers von Brüssel;

- die Départements Haut-Rhine, Bas-Rhine und Moselle (Elsass und Lothringen), die dem Deutschen Reich einverleibt wurden, und
- die östlichen Gebiete Südfrankreichs und Korsika. Diese Territorien okkupierte das faschistische Italien.

Das verbliebene Territorium wurde aufgeteilt in

- die sogenannte besetzte Zone, deren Verwaltung dem Militärbefehlshaber West in Paris unterstand, und
- die nichtbesetzte Zone in Südfrankreich (etwa 40 % des französischen Territoriums). Für dieses Gebiet wurde – getrennt durch eine bewachte Demarkationslinie – eine Regierung in Vichy eingesetzt.

Die Kosten der deutschen Besatzung hatte Frankreich zu tragen; die inneren Verhältnisse der französischen Kolonien sollten davon nicht berührt und die Kriegsflotte, die rechtzeitig vor dem Eintreffen der Wehrmacht aus den Atlantikhäfen ausgelaufen war oder sich im Mittelmeer unter französischem Kommando befand, nicht demobilisiert werden. Der Versuch, einzelne Schiffe an die deutsche Seite zu übergeben, wurde durch die britische Flotte mit Gewalt unterbunden. Die beiden letzten Regelungen hatten eher praktische Gründe. Zum einen hatte das Deutsche Reich keinen Zugriff auf die riesigen Kolonialgebiete, wo weiterhin größere französische Militäreinheiten stationiert waren, die sich nicht zur Kapitulation verpflichtet sahen, zum anderen versuchte man damit eine Akzeptanz der Kapitulation in Militärkreisen zu erreichen.

In den besetzten Gebieten errichtete Deutschland ein Besatzungsregime, das mit Hilfe zahlreicher Gesetze und Anordnungen und durch heftige politische Repression jeden Widerstand im Keim ersticken wollte. Schon am 20. Juni 1940 verkündete der deutsche Oberbefehlshaber General von Stülpnagel schwerste Strafen für »Gewalttaten und Sabotageakte«. Der Begriff »Sabotage« wurde dabei äußerst weit gefasst. Das konnten bereits Beleidigungen der deutschen Wehrmacht sein. Außerdem fielen darunter jegliche »Zusammenrottung auf der Straße«, jeder Streik oder auch nur ein bloßer Aufruf zur Arbeitsniederlegung. Natürlich wurden die Gesetze zur Unterdrückung jedweder politischen Opposition, wie sie im Deutschen Reich galten, auf Frankreich übertragen. Somit waren die Verbreitung von »dem deutschen Reiche schädlichen Zeitungen und Druckschriften« und das Abhören ausländischer Rundfunksender verboten. Zur Durchsetzung dieser Regeln wurden Zensurbehörden eingeführt und als Strafen bei Zuwiderhandlung drakonische Maßnahmen bis hin zur Todesstrafe angedroht.

Mit der Realisierung dieser Verbote wurde die fortbestehende französische Polizei beauftragt, die – wie auch die staatlichen Verwaltungen – auch in den besetzten Gebieten im Amt blieb. Zur Kontrolle und als zusätzlicher Terrorapparat wurden seitens der Militärverwaltung außerdem Gestapo und Sicherheitsdienst der SS (SD) aufgebaut. Dieser Apparat agierte selbstständig, nutzte aber bei Razzien und anderen Aktionen die französischen Kräfte.

Dieses System galt auch für die Verwaltung im unbesetzten Frankreich. Zwar war die Regierung in Vichy formal für die unbesetzte Zone verantwortlich, jedoch agierte die Besatzungsmacht mit ihrem Repressionsapparat – insbesondere mit der Gestapo und dem SD – ebenfalls in diesen Gebieten.

Das Vichy-Regime

Die militärische Niederlage bot Pétain und seinen Anhängern die Gelegenheit, der parlamentarischen Republik ein Ende zu bereiten und in Frankreich ein autoritäres Regime zu etablieren. Dieser »Staatsstreich« lief zwar in legalen Bahnen ab, hatte aber einschneidende Veränderungen im politischen System zur Folge.

Am 10. Juli 1940 trat die verbliebene Nationalversammlung in dem im unbesetzten Südfrankreich gelegenen Kurort Vichy zusammen und verlieh dem Maréchal volle exekutive sowie legislative Macht. Unter dem unmittelbaren Einfluss der katastrophalen Niederlage verabschiedeten die Abgeordneten auf Betreiben Pierre Lavals, eines ehemaligen Premiers der Dritten Republik, mit 569 gegen 80 Stimmen ein »Ermächtigungsgesetz«, das es Pétain erlaubte, nicht nur Gesetze selber zu erlassen, sondern sogar die Verfassung zu ändern. Die vorliegende Liste der namentlichen Abstimmung belegt, dass weit über 100 Abgeordnete des PCF und anderer linker Parteien nicht an der Abstimmung teilnehmen konnten. Soweit linke Abgeordnete überhaupt anwesend waren, lehnten sie – wie Léon Blum – das Gesetz ab.

Mit diesem Beschluss wurde faktisch die Verfassung der Dritten Republik außer Kraft gesetzt. Mit den ersten Konstitutionsakten am folgenden Tag brachte Pétain »eine die Rechte von Arbeit, Familie und Vaterland garantierende Verfassung für den État français« auf den Weg und erklärte sich selbst zum »Chef de l'État« (Staatschef). Dabei stattete er sich mit nahezu absoluten Vollmachten gegenüber Exekutive, Legislative und Judikative aus, zu seinem Stellvertreter ernannte er Laval.

Dieser »neue« Staat orientierte sich eher an dem deutschen Faschismus. Dementsprechend ersetzte das Vichy-Regime die Losungen der Französischen Revolution »Liberté, Égalité, Fraternité« (Freiheit, Gleichheit, Brüderlichkeit) durch die volksgemeinschaftlichen Parolen »Travail, Famille, Patrie« (Arbeit, Familie, Vaterland). Mit der Überwindung der republikanischen Traditionen sollte in Frankreich auf der überkommenen kapitalistischen Basis eine konservative, patriarchalische und hierarchische Gesellschaftsordnung errichtet werden. Dazu propagierte man auch eine moralische Erneuerung, was nichts anderes bedeutete als die Wiedereinführung von katholischen und konservativen Moral- und Verhaltenskodexen. Merkmal dieser Politik war ein Personenkult um Pétain. Neues Staatssymbol wurde die »Francisque«, bestehend aus dem Marschallstab Pétains und zwei Liktoren-Beilen, das Lied »Maréchal, nous voilà«

(Marschall, wir sind bereit) wurde als inoffizielle Nationalhymne nach der Marseillaise gespielt.

Anders jedoch als im faschistischen Deutschland oder Italien wurde diese Politik nicht von einer Massenbewegung getragen, auch wenn es mit dem Parti Populaire Français (PPF) eine faschistische Partei gab. Die eigentliche Basis des Vichy-Regimes waren neben der deutschen Besatzungsherrschaft die Bürokratie, der staatliche Sicherheitsapparat und ein maßgeblicher Teil der französischen Bourgeoisie.

Ansonsten ähnelte es den beiden faschistischen Diktaturen in Deutschland und Italien: scharfe Pressezensur, strenge hierarchische Gliederung der Gesellschaft, massive Unterdrückung der Opposition, »Führerkult« und extreme Fremdenfeindlichkeit. Zu den traditionellen Feindbildern der französischen Rechten gehörten neben den Freimaurern und Kommunisten, denen man alle möglichen Verschwörungen zulasten der Nation unterstellte, auch die jüdische Bevölkerung. Wie schon die oben erwähnte Affäre Dreyfus gezeigt hatte, waren in der französischen Oberschicht antisemitische Ressentiments weit verbreitet. Ohne von deutscher Seite dazu aufgefordert worden zu sein, erließ das Vichy-Regime am 3. Oktober 1940 Judenstatute, die das Judentum nach rassischen Kriterien definierten und die französischen Juden von öffentlichen Ämtern und zahlreichen freien Berufen wie dem Pressewesen ausschlossen. Damit begann auch die ökonomische »Arisierung« jüdischen Eigentums. Am 14. Dezember 1941 dekretierten die Okkupationsorgane die Hinrichtung von jüdischen und kommunistischen Geiseln im Falle von Widerstandsaktionen und die Deportation der Juden »nach dem Osten«. Als im Sommer 1942 die systematischen Deportationen aus Frankreich in die deutschen Vernichtungslager begannen, arbeitete die Vichy-Regierung mit ihrem Verwaltungs- und Polizeiapparat besonders bei der Deportation ausländischer Juden den deutschen Besatzern bereitwillig zu. Über 75.000 Juden wurden während der deutschen Besatzungszeit aus Frankreich in die Vernichtungslager deportiert. Weniger als 2.600 kehrten zurück.

Die deutsche Okkupationspolitik brachte eine massive Verschlechterung der Situation der Emigranten und politisch Verfolgten, weil damit die faschistischen Verfolger nun in dem Land standen, welches man als sicheren Zufluchtsort gesehen hatte. Zahlreiche Emigranten versuchten – gemeinsam mit französischen Gegnern der Nazis – in den Süden des Landes zu entkommen, von wo man sich eine Fluchtmöglichkeit nach außerhalb Frankreichs versprach.

Eindrucksvoll schildert die deutsche Schriftstellerin Anna Seghers in ihrem Roman »Transit« dieses Schicksal von Menschen auf der Flucht in dem noch unbesetzten Südfrankreich. Doch der »Exode« (die Flucht) rettete nur wenige Personen. Das lag auch daran, dass das von Pétain unterzeichnete Waffenstillstandsabkommen vom 22. Juni 1940 festlegte, dass alle deutschen Emigranten auf Verlangen der deutschen Regierung von Frankreich ausgeliefert werden mussten. Die französische Übergangsregierung sah darin kein Problem. Durch die fremdenfeindliche Propaganda waren auch manche Vichy-Franzosen nicht unglücklich, diese Deutschen loszuwerden.

Schon in den ersten Tagen des deutschen Überfalls wurden alle Deutschen interniert. Peter Gingold berichtet darüber: »Jetzt war an den Litfaßsäulen zu lesen, dass sich alle männlichen Deutschen, die bisher von der Internierung befreit waren, spätestens zum 15. Mai im Stade Buffalo im 13. Arrondissement einzufinden haben. … Die französischen Behörden haben alle Deutschen, ob Nazi oder Antinazi, unterschiedslos interniert. Es gab eine Reihe von deutschen Antifaschisten, die sich freiwillig zur französischen Armee meldeten, um gegen Hitler zu kämpfen. Sie wurden in der Regel und zu ihrer Enttäuschung abgewiesen und gemeinsam mit den in Frankreich lebenden Nazis interniert. Mehrere Tage später wurden wir in einen Personenzug verladen. … In der Nähe von Angoulême wurden wir ausgeladen, mehrere Kilometer marschierten wir unter strenger Bewachung und mit der Drohung im Rücken: ›Wer aus den Reihen ausbricht, wird erschossen!‹ Wir landeten im Internierungslager La Braquonne. ... Im Lager waren wir keiner Schikane ausgesetzt, wir meldeten uns sogar zur Straßenarbeit, damit die Zeit schneller verging. Eines Tages, bei einem Appell wurden mehrere Namen verlesen, wir drei waren mit dabei, waren als ›Prestataire‹ mobilisiert – eine Bezeichnung für Arbeitssoldaten, die an der Front eingesetzt werden sollen, um Schützengräben auszuheben und ähnliches. Wir konnten mit dem Mobilisierungsschein das Lager verlassen.« (Gingold, Paris, S. 63f)

Diese Zusammenarbeit war – soweit sie sich gegen die politisch und rassisch verfolgten Emigranten richtete – allerdings nur ein Teil einer großangelegten Kollaborationspolitik, die die Vichy-Regierung im Herbst 1940 selbst anstieß. Pétain und Laval waren davon überzeugt, dass Deutschland letztendlich den Krieg gewinnen würde. Kurzfristig erhoffte das Regime durch eine aktive Kollaborationspolitik, die baldige Rückkehr der Kriegsgefangenen, eine Reduktion der Besatzungskosten sowie die Aufrechterhaltung einer wie auch immer gearteten französischen staatlichen Souveränität zu erreichen. Und so reiste Laval im Oktober 1940 auch zum Befehlsempfang nach Berlin, wo er mit dem deutschen Außenminister Ribbentrop und mit Hitler zusammentraf.

Am 30. Oktober 1940 rechtfertigte Pétain in einer viel diskutierten Radioansprache diese Politik: »Ich betrete in Ehren den Weg der Kollaboration, um die Einheit Frankreichs zu erhalten ... und dies geschieht im Rahmen des Aufbaus einer neuen europäischen Ordnung. ... Diese Kollaboration muss aufrichtig sein. Sie muss jedes aggressive Denken ausschließen. Sie muss von einer geduldigen und vertrauensvollen Bemühung getragen werden. Frankreich ist durch zahlreiche Verpflichtungen gegenüber dem Sieger gebunden. Zumindest bleibt es souverän. Diese Souveränität verpflichtet es, seinen Boden zu verteidigen, die Meinungsverschiedenheiten beizulegen und den Abfall seiner Kolonien zu mindern.« (zit. nach: www.europa.clio-online.de/quelle/id/artikel-3845, abgerufen 30.6.2018)

Langfristig sollte die Kollaboration Frankreich eine möglichst gute Position in einem von Deutschland dominierten Europa sichern. Neben der Unterstützung bei der Judenverfolgung und der Widerstandsbekämpfung war die Kollaboration für die Besatzungsmacht vor allem auf wirtschaftlichem Gebiet von großer Bedeutung. Frankreich wurde der wichtigste europäische Lieferant in das Deutsche Reich während des Zweiten Weltkriegs. Allein die Firma Renault verfünffachte ihren Umsatz von 1940 bis 1942.

Der Rüstungskonzern Schneider-Creusot hatte schon vor Kriegsbeginn Erfahrungen in der wirtschaftlichen Kollaboration gesammelt, als er für einen lukrativen Preis seine Aktien an den tschechischen Skoda-Werken nach dem Münchner Abkommen an ein Konsortium verkaufte, hinter dem die eng mit der SS verbundene Dresdner Bank stand. Neben direkten Lieferverträgen entstanden deutsch-französische Konsortien insbesondere mit den IG Farben, die Teile von Rhône-Poulenc übernahmen. In einer britischen Studie wird davon gesprochen, dass auf Druck der französischen Finanz- und Industriekreise sogar ein »Überangebot« an wirtschaftlicher Kollaboration herrschte. Selbst die französische Weinwirtschaft erlebte während der Okkupation eine ungeahnte Blütezeit.

Auf deutschen Druck hin führte Laval im Februar 1941 den Zwangsarbeitsdienst (Service du travail obligatoire – STO) ein. Zusammen mit Zwangsaushebungen durch die deutschen Besatzer wurden über 850.000 zumeist junge Männer als Zwangsarbeiter in das Deutsche Reich verschleppt. Die französischen Arbeitskräfte wurden zuerst in der Kriegsproduktion eingesetzt, aber auch als Ersatz für deutsche Bauern und Landarbeiter in der Landwirtschaft. Später haben selbst Handwerksbetriebe französische Arbeiter angefordert.

Insgesamt mussten über 4,5 Millionen Franzosen während des Krieges als Kriegsgefangene und Zwangsarbeiter in Deutschland oder als Industriearbeiter in französischen Rüstungsbetrieben, die für das Deutsche Reich produzierten, für die deutsche Kriegswirtschaft arbeiten.

Die Zwangsrekrutierung für die deutsche Kriegsproduktion, die vom deutschen »Generalbevollmächtigten für den Arbeitseinsatz« Fritz Sauckel von der Vichy-Regierung gefordert worden war, da freiwillige Meldungen nicht das gewünschte Ergebnis gebracht hatten, stieß auf eine weitverbreitete Verweigerungshaltung bei den Betroffenen und auf allgemeine Empörung. Kaum eine Maßnahme diskreditierte das Vichy-Regime bei der eigenen Bevölkerung mehr als die Einführung des STO. Arbeitsdienstverweigerer flohen in den Widerstand, stärkten die Struktur der sich allmählich entfaltenden Résistance und halfen, diese auch in den ländlichen Regionen Frankreichs zu verankern, da unter den Zwangsrekrutierten auch zahlreiche Bauernsöhne waren. Besonders in den Gebirgsregionen konnten die Wehrmacht und die Sicherheitsorgane des Vichy-Regimes bald nur noch die Städte kontrollieren. Die Besatzer verlegten sich daraufhin auf Strafexpeditionen, bei denen es immer wieder Tote unter der Zivilbevölkerung gab.

Aufrufe zum Widerstand und erste Aktionen

Der erste Aufruf zum Widerstand gegen die deutsche Besatzung kam von den Vertretern der kommunistischen Partei, die unter Premierminister Reynaud in die Illegalität gedrängt worden war. Während am 10. Juli die Abgeordneten des Parlaments Pétain mit absoluten Vollmachten ausstatteten, erklärten der Generalsekretär Maurice Thorez und das ZK-Mitglied Jacques Duclos im Namen des PCF: »Unser Land lernt jetzt die furchtbaren Folgen der verbrecherischen Politik jener unwürdigen Machthaber kennen, die für den Krieg, für die Niederlage und die Okkupation verantwortlich sind. … Nichts aber kann verhindern, dass eines Tages Abrechnung gehalten wird und dass die Werktätigen mit der Forderung, Frankreich soll den Franzosen gehören, zugleich den Unabhängigkeitswillen eines ganzen Volkes und seine feste Entschlossenheit zum Ausdruck bringen, sich derjenigen, die es in die Katastrophe geführt haben, für immer zu entledigen.« (Kühnrich, Partisanenkrieg, S. 60)

Im »Manifest der Kommunistischen Partei Frankreichs« vom 20. Juli 1940 heißt es: »Das noch blutende Frankreich will leben, frei und unabhängig sein. Niemals wird ein großes Volk wie das unsere ein Volk von Sklaven werden. Frankreich wird niemals eine Art kolonisiertes Land werden. Frankreich mit seiner glorreichen Vergangenheit wird sich niemals vor einer Gruppe von Lakaien beugen, die zu allem bereit sind. Weder die geschlagenen Generäle noch die Geschäftemacher, auch nicht die anrüchigen Politiker können Frankreich wieder in die Höhe führen. Die große Hoffnung auf die nationale und soziale Befreiung gründet sich auf das Volk. Und nur um die entschlossene und großherzige Arbeiterklasse, die voll Mut und Vertrauen ist, kann sich die Front der Freiheit, der Unabhängigkeit und der Wiedergeburt Frankreichs bilden. …

Frankreich muss sich erheben und wird sich erheben, um ein Land der Arbeit und Freiheit zu sein und nicht ein Land der Dienstbarkeit und des Elends. Das Volk von Frankreich will selbst, in Übereinstimmung mit seinen Traditionen und seinem Genie, die sozialen und politischen Fragen regeln, die durch den Verrat der besitzenden Klassen aufgerollt wurden.« (FIR, Hefte der Widerstandsbewegung, S. 820)

Obwohl der deutsch-sowjetische Nichtangriffsvertrag wie in anderen kommunistischen Parteien so auch im PCF für heftige Verwirrung gesorgt hatte, war damit die politische Orientierung klar, nämlich den Widerstand gegen die Okkupation zu entwickeln und gleichzeitig das Pétain-Vichy-Regime zu bekämpfen.

Aber auch patriotische Kreise des Bürgertums und des Militärs fühlten sich durch die Niederlage herausgefordert, zum Widerstand aufzurufen. Kaum hatte Pétain am 17. Juni 1940 um Waffenstillstand nachgesucht, da meldete sich via BBC von London aus ein den meisten Franzosen unbekannter Brigadegeneral namens Charles de Gaulle zu Wort. In seinem später so berühmt gewordenen »Appell vom 18. Juni« rief er dazu auf, den Krieg gegen Deutschland fortzuführen. Von seinen Kolonien aus könne Frankreich gemeinsam mit Großbritannien und mit der Unterstützung der US-amerikanischen Wirtschaftsmacht den Krieg letzten Endes doch noch gewinnen.

Wörtlich heißt es in dem Appell: »An alle Franzosen. Frankreich hat eine Schlacht verloren! Aber Frankreich hat nicht den Krieg verloren! Die Regierungskräfte konnten kapitulieren, sich der Panik ergeben, ihre Ehre vergessen und das Land der Knechtschaft ausliefern. Dennoch, nichts ist verloren! Nichts ist verloren, weil dieser Krieg ein Weltkrieg ist. Die gewaltigen Kräfte des freien Universums haben noch nicht aufgegeben. Eines Tages werden diese Kräfte den Feind zerschlagen. Und dann, an diesem Tag, muss Frankreich dabei sein beim Sieg. Dann wird es seine Freiheit und seine Größe wiedererlangen. Das ist mein Ziel, mein einziges Ziel! Deshalb rufe ich alle Franzosen, wo immer sie sich gerade befinden, dazu auf, sich mir anzuschließen im Kampf, im Opfergeist, in der Zuversicht. Unser Land ist in Lebensgefahr. Lasst uns gemeinsam kämpfen um es zu retten. Es lebe Frankreich!« (zitiert nach: www.dhm.de, Aufruf de Gaulles 1940, abgerufen 15.12.2018)

Zwar war die Rede am 18. Juni 1940 selber nur in den westlichen Teilen Frankreichs zu empfangen, aber ihre Veröffentlichung in den noch nicht unter Zensur stehenden Zeitungen im Süden Frankreichs und ihre mehrfache Wiederholung auf BBC in den Folgetagen führte zu einer größeren Resonanz. De Gaulle gründete in den Folgewochen in London ein Komitee »Freies Frankreich«. Bis Ende Juli 1940 folgten 7.000 demobilisierte Soldaten und Offiziere dem Aufruf und schlossen sich den Freien Französischen Streitkräften an. Als gemeinsames Symbol wählte de Gaulle das Lothringer Kreuz in Abgrenzung zu den Symbolen der Streitkräfte des Vichy-Regimes.

Bezeichnend ist, dass das britische Kabinett ursprünglich versucht hatte, die Übertragung der Rede zu verhindern und stattdessen einen Vertreter der »rechtmäßigen« Regierung zu einer Erklärung aufgefordert hatte. Dieser lehnte jedoch ab. Am 28. Juni 1940 erkannte Churchill de Gaulle als offiziellen »Vertreter der französischen Interessen« (nicht aber als Exilregierung!) an. Zudem sagte er zu, dass die britische Regierung die Ausgaben des »Freien Frankreichs« für die Truppen und den Nachrichtendienst finanzieren werde. De Gaulle legte in dem Zusammenhang Wert auf die Feststellung, dass es sich bei den Geldern nicht um eine Zuwendung, sondern um rückzahlbare Kredite handele. Er wollte vermeiden, als »britischer Agent« angesehen zu werden.

Trotz dieser Zurückhaltung der britischen Regierung gründete de Gaulle am 24. September 1941 ein »Comité national français« (CNF) (Französisches Nationalkomitee), das er als »Exilregierung des Freien Frankreichs« bezeichnete. Damit war in doppelter Hinsicht ein Machtanspruch erhoben. De Gaulle erklärte gegenüber der britischen Regierung und den anderen Alliierten, dass nur er der einzige legitime Vertreter französischer Interessen sei. Diesen Alleinvertretungsanspruch erhob er auch gegenüber den Kräften des politischen Widerstandes in Frankreich selber. Ohne von ihnen legitimiert worden zu sein, trat er in London als deren Sprecher auf. Dass er sich anmaßte, selbst für die Kreise des kommunistischen Widerstandes in Frankreich zu sprechen, führte zu Konflikten. Erst durch die nicht übersehbare bedeutende Rolle des kommunistischen Widerstandes im Land selber kam es 1943 zu einer Verständigung zwischen den unterschiedlichen Richtungen, wobei de Gaulles Repräsentationsfunktion nicht in Frage gestellt wurde.

Der Aufbau von Widerstandsstrukturen in Frankreich selber war naturgemäß komplizierter. Die Mehrheit des Bürgertums und große Teile der Armee und der Polizei waren anfangs – trotz der militärischen Schmach – der Besatzungsmacht gegenüber positiv, zumindest aber neutral eingestellt. Man erwartete, dass nunmehr »Ordnung« herrschen werde. Auch die katholische Kirche erinnerte sich eher an das »Reichskonkordat« zwischen der Hitler-Regierung und dem Vatikan als an ihre französischen Gläubigen.

Daher gingen die Anfänge der Résistance im besetzten Frankreich auf das Engagement überzeugter Antifaschisten aus den Reihen der Arbeiterbewegung und einiger weniger Angehöriger der französischen Streitkräfte zurück, die sich nicht mit der Niederlage abfinden wollten. Deren Handlungsoptionen waren zwar grundverschieden, sie zielten aber gemeinsam darauf, sich der deutschen Besatzungspolitik entgegenzustellen, zumindest jedoch zu verweigern. Während die Kämpfer aus den Reihen der Arbeiterbewegung mit öffentlichkeitswirksamen politischen Aktionen Widerstand leisteten, versuchten die Militärs zuerst einmal ihre Kräfte zu sammeln.

Anfangs waren es nur wenige tausend überzeugte politische Gegner, die bereit waren, sich gegen die deutsche Besetzung zu wehren und Widerstandszirkel zu gründen. Tausende von Zivilisten und Soldaten waren vor den heranrückenden deutschen Truppen in den Süden Frankreichs geflüchtet. In Zeitungen wurden Suchanzeigen annonciert, um die auf der Flucht verlorenen Angehörigen wiederzufinden. Hier schrieben Nazigegner Antwortbriefe mit den politischen Erklärungen der Widerstandsgruppen und der Aufforderung zur Mitarbeit.

Die Pariser Metro bildete das erste »mobile« Hauptquartier der politischen Widerstandsgruppen. Während der Fahrt konnten so Pläne gemacht und Nachrichten ausgetauscht werden. Die Überwachung durch die Verfolgungsbehörden war dadurch sehr erschwert. Vor allem konnte die Gestapo nur schwer Einzelne, die ein- oder ausstiegen, im Gewühl von Tausenden von Menschen identifizieren und beobachten. Dennoch blieben die geheimen Tätigkeiten nicht verborgen, weshalb die »Quartiere« ständig gewechselt werden mussten.

Die ersten Maßnahmen des Widerstandes beschränkten sich vornehmlich auf die Verbreitung von Flugblättern und improvisierten Untergrundzeitungen, die ab Herbst 1940 vor allem im Großraum von Paris mit dem Ziel erschienen, die Bevölkerung zu passivem Widerstand aufzurufen. Insbesondere die *l'Humanité* erschien vom ersten Tag der Besetzung an und konnte im Jahre 1940 in fast elf Millionen Exemplaren verbreitet werden, ebenso Flugblätter und antifaschistische Broschüren.

Eine der bekanntesten Mitarbeiterinnen der *l'Humanité* war Marie-Claude Vaillant-Couturier, die seit Ende der 1930er Jahre als Fotografin für die Zeitung arbeitete. Schon 1940 veröffentlichte sie gemeinsam mit Georges Politzer einen Bericht »l'Université libre« (»Freie Universität«) über den Widerstand an den Hochschulen und »Sang et Or« (»Blut und Gold«) über die ideologischen Grundlagen des deutschen Faschismus. Neben ihrer journalistischen Tätigkeit koordinierte sie den zivilen und den militärischen Widerstand. Am 9. Februar 1942 wurde sie im Rahmen einer Razzia von der französischen Polizei zusammen mit mehreren Genossen in Paris verhaftet. Unter ihnen befanden sich Jacques Decour, Georges Politzer, Georges Solomon und Arthur Dallidet, die allesamt von deutschen Truppen am Mont Valérien hingerichtet wurden.

Marie-Claude Vaillant-Couturier selbst wurde fast ein Jahr in Haft gehalten, bevor sie am 24. Januar 1943 schließlich ins Konzentrationslager Auschwitz-Birkenau deportiert wurde. Als französische Zeugin im Nürnberger Prozess gegen die Hauptkriegsverbrecher sagte sie dazu Folgendes aus: »Ich gehörte einem Transport von 230 französischen Frauen an. … (Es waren) Intellektuelle, Lehrerinnen, aus allen sozialen Schichten. Mai Politzer war Ärztin; sie war die Frau des Philosophen Georges Politzer. Hélène Solomon ist die Frau des Physikers Solomon und die Tochter des Professors Langevin. Danielle Casanova war Zahnärztin, sie war sehr tätig unter den Frauen. Sie war es, die eine Widerstandsbewegung unter den Frauen der Gefangenen organisierte.« (Nürnberger Prozess, Bd. 6, S. 228f)

Da die Franzosen noch keine Erfahrungen mit der Praxis der deutschen Okkupation hatten und es im PCF Illusionen über den deutsch-sowjetischen Nichtangriffsvertrag gab, sondierte im Juli 1940 tatsächlich eine Gruppe von PCF-Mitgliedern bei der Besatzungskommandantur, ob die *l'Humanité* als legale Tageszeitung erscheinen könne. Doch solche Illusionen zerstörten die Faschisten selber bereits nach wenigen Tagen. Der Leiter des Einsatzkommandos der Gestapo in Paris, Karl Bömelburg, kündigte Ende September 1940 dem Reichssicherheitshauptamt in Berlin an, dass man – gemeinsam mit der Pariser Polizei – alle bekannten aktiven kommunistischen Führer und Funktionäre, von denen anzunehmen sei, dass sie an der Herstellung und Verbreitung solcher Flugschriften beteiligt seien, verhaften und in einem Lager unterbringen werde. Das war der Auftakt zur Deportation auch von französischen Häftlingen in deutsche Konzentrationslager. In deutschen Unterlagen finden sich dazu folgende Zahlen: »So wurden am 24. Januar 1941 allein 1.250 Kommunisten, am 10. Februar 1.647, am 7. März 1.778 und am 9. April 1941 2.098 Kommunisten verhaftet.« Auch das Vichy-Regime leistete seinen Beitrag zu dieser Verhaftungswelle: »18.000 politische Häftlinge, meist Kommunisten, befanden sich nach offiziellen Berichten der Vichy-Behörden im März 1941 in Gefängnissen und Internierungslagern.« (Deutschland im zweiten Weltkrieg, Bd. 1, S. 515f)

Aufgrund der großen Zahl von Verhafteten, Deportierten und Ermordeten trug der PCF im Rückblick auf die Résistance auch den Ehrennamen »Le parti des fusillés« (»Die Partei der Erschossenen«).

Die erste auch international wahrgenommene Aktion des widerständigen Frankreichs ging im November 1940 von Studenten aus. An den weiterführenden Schulen und den Universitäten bestanden seit Jahren aktive kommunistische Gruppen, die – wie das Beispiel der Zeitschrift *Relève*, Union des Etudiants et Lyceens communistes de France zeigt – eigene Veröffentlichungen herausgaben. Auch unter den Hochschullehrern und Dozenten waren zahlreiche Anhänger des PCF und anderer linker Parteien.

Am 11. November 1940 versammelten sich Studenten verschiedener Pariser Universitäten aus Anlass des Jahrestages des Waffenstillstands im Ersten Weltkrieg am Arc de Triomphe, am Grabmal des unbekannten Soldaten, sangen die »Marseillaise« und skandierten »A bas Pétain« (Nieder mit Petain), »A bas Hitler« (Nieder mit Hitler) und »Vive la France«. Allein die Durchführung einer nicht genehmigten Demonstration war in den Augen der Besatzungsoffiziere eine Bedrohung. Daraufhin gab der Einsatzleiter den anwesenden deutschen Truppen den Befehl, auf die unbewaffneten Demonstranten auf den Champs-Élysées zu schießen. Die blutige Bilanz dieses Militäreinsatzes waren zwölf Tote und etwa fünfzig verletzte Teilnehmende. Dies führte zu einer deutlichen Ablehnung der Okkupationsmacht selbst unter den Teilen der französischen Bevölkerung, die bis dahin eher abgewartet oder sogar mit den deutschen Faschisten sympathisiert hatten. (vgl. Bericht in Bories-Sawala, La France occupée, S. 70)

Streikaktionen und Demonstrationen als Widerstand

Von großer Bedeutung für die Entwicklung des Widerstandes gegen die Okkupationsmacht waren betriebliche Aktionen bis hin zu Streiks. Ging es doch darum, einerseits deutlich zu machen, dass man sich auch unter den Bedingungen der Besatzung gegen die Einschränkungen der sozialen Rechte wehren konnte, andererseits insbesondere in der Metallindustrie und im Bergbau mit Produktionseinschränkungen die Ausplünderung des Landes für die Interessen der faschistischen Kriegspolitik zu behindern.

Voraussetzung dafür war der Wiederaufbau illegaler und konspirativer politischer und gewerkschaftlicher Strukturen. Trotz der Verbote schon in der Zeit vor der militärischen Besetzung hatten Aktivisten des Gewerkschaftsverbandes CGT und der kommunistischen Partei ihre ehemaligen Netzwerke reaktiviert. Zwar gab es immer wieder Einschränkungen und Verfolgungen, sie waren aber nicht so dramatisch wie im faschistischen Deutschland, so dass sich schon vor dem deutschen Angriff in den meisten industriellen Großbetrieben und insbesondere im Bergbau wieder politische und gewerkschaftliche Gruppen gebildet hatten, die sich für die Bewahrung der sozialen Standards und die Verbesserung der Arbeitsbedingungen einsetzten. Diese Strukturen konnten in den Kämpfen gegen die deutschen Besatzer genutzt werden.

Das erste deutliche Signal lieferten im Mai 1941 die Bergarbeiter in den Départements Nord und Pas-de-Calais. Die reaktivierten Betriebszellen der CGT erreichten mit ihrer Arbeit, dass am 27. Mai 1941 über 100.000 Bergarbeiter die Arbeit niederlegten. Unter ihnen waren zahlreiche ausländische Bergleute, insbesondere aus Polen, die sich gleichermaßen aktiv am Arbeitskampf beteiligten. Der Streik dauerte fast zwei Wochen. Im Laufe des Arbeitskampfes beteiligten sich auch Arbeiter anderer Industriezweige. Der Ausgangspunkt waren Auseinandersetzungen um Arbeitszeiten und verschlechterte Arbeitsbedingungen. Aber den Streikenden war bewusst, dass damit auch der Raub französischer Ressourcen für die faschistische Kriegspolitik behindert werden konnte. Und tatsächlich bezifferte sich die fehlende Fördermenge auf etwa 500.000 t Steinkohle, die nicht nach Deutschland abtransportiert werden konnten. Die Reaktion der Okkupationsmacht war massiv: 2.000 Bergarbeiter wurden verhaftet, 24 »Rädelsführer« sofort erschossen. Dieser

Streik zeigte aber, dass es unter den Arbeitern ein erhebliches Widerstandspotential gab.

Ein Teil der Verhafteten wurde mit dem ersten Transport politischer Häftlinge in das KZ Buchenwald 1941 überführt. Sie bildeten dort das Fundament der späteren französischen Widerstandssektion in Buchenwald.

Für eine besondere Widerstandsform standen französische Frauen, die mit Demonstrationen und anderen öffentlichen Aktionen für die Rückkehr der zwangsmobilisierten Männer aus dem Militärdienst oder der STO, gegen die Requirierung von Lebensmittelvorräten und gegen das Gesetz zur Entlassung verheirateter Frauen aus dem Erwerbsleben protestierten. Für die Zeit ab 1941 wird von Hausfrauendemonstrationen gegen Preisanstiege und für eine bessere Versorgung bzw. für Ernährungszulagen berichtet. Diese waren besonders riskant, so z. B. die Plünderung von Lebensmittelgeschäften. (vgl. Gedenkorte Europa, Frauen in der Résistance sowie Paris 140, Rue Daguerre – unter: www.gedenkorte-europa.eu, abgerufen 23.1.2019)

Der Aufbau bewaffneter Gruppen

Die ersten bewaffneten Gruppen der Résistance entstanden bereits im Sommer 1940. Basierend auf vorhandenen Strukturen entstand die »Organisation Speciale de Combat« (OS), eine Kampfformation aus den Reihen der französischen KP, an der sich zahlreiche ehemalige Spanienkämpfer beteiligten. Sie führten von Anfang an Sabotageaktionen gegen die Besatzungsmacht und andere militärische und bewaffnete Aktionen durch. Die Waffen dafür besorgte man sich, wie der Präfekt eines Départements besorgt feststellte, von demobilisierten Angehörigen der französischen Armee oder durch Überfälle auf deutsche Besatzungseinrichtungen. So unternahm beispielsweise eine Gruppe um Marcel Paul im Oktober 1940 einen Anschlag auf den Sonderzug des deutschen Luftwaffenministers Hermann

Göring, der jedoch fehlschlug. Solche Aktionen waren in den ersten Monaten der Besatzungszeit äußerst schwierig und auch mit hohen Verlusten verbunden, schufen aber die Grundlage für den späteren bewaffneten Kampf.

Eine weitere Struktur, die überregionalen Charakter hatte, waren die »Bataillons de la Jeunesse« (Jugendbataillone). Zu ihren führenden Personen zählte Pierre George, der unter seinem Kampfnamen »Colonel Fabien« in der Résistance berühmt wurde. Er wurde erstmals bekannt, als er am 21. August 1941 in der Pariser Metro am helllichten Tag einen deutschen Offiziersanwärter erschoss, aber nicht gefasst werden konnte. Bei diesem Attentat wurde zum ersten Mal ein Angehöriger der Wehrmacht außerhalb von direkten Kampfhandlungen getötet. Die Résistance zeigte damit den Besatzern, dass es kein »ruhiges Hinterland« mehr gibt.

Die dritte militärische Gruppe entstand aus der Organisation der ausländischen Arbeiter in Frankreich, der »Main d'Œuvre Immigrée« (MOI), in deren Reihen auch die politischen Emigranten organisiert waren. Sie wurde Anfang 1941 im Raum Paris gegründet. Obwohl sie später in gemeinsame politisch übergreifende Verbände integriert wurden, unterstanden diese Gruppen direkt Jacques Duclos, der seine Instruktionen von der Kommunistischen Internationale (Komintern) bekam. Diese Gruppen bestanden mehrheitlich aus in Frankreich lebenden ausländischen Kommunisten, unter ihnen Arbeitsmigranten, politische Flüchtlinge, Schriftsteller, Künstler und andere Intellektuelle.

Unter den Flüchtlingen waren nicht nur vom deutschen Faschismus Vertriebene, sondern auch Armenier, die vor dem Genozid im Osmanischen Reich, Juden, die vor den Pogromen im zaristischen Russland und in Osteuropa oder den Verfolgungen in Hitlerdeutschland, sowie Polen, die vor der autoritären Piłsudski-Herrschaft geflohen waren. Ebenfalls gehörten hierzu Spanienkämpfer aus vielen Ländern, die nach der Auflösung der Internationalen Brigaden in Frankreich interniert worden waren. Aus diesen unterschiedlichen Gruppen entwickelten sich im Mai 1941 die »Francs-tireurs et partisans Français« (FTPF, zumeist abgekürzt FTP), die Kampforganisation des »Front National de l'indépendance de la France« (»Nationale Front für die Unabhängigkeit Frankreichs«), deren illegales Organ ab Dezember 1941 *France d'abord* (»Frankreich zuerst« – hierbei ging es um die Befreiung Frankreichs und die Verteidigung der Souveränität des Landes. Es hat also nichts mit dem Slogan der heutigen extremen Rechten zu tun.) wurde. Die FTP-MOI zählten zu den aktivsten Gruppen der Résistance, da ihre Mitglieder sich als Ausländer, und oftmals als Juden, durch das Vichy-Regime und die deutschen Besatzer ganz besonders bedroht sahen.

Neben diesen kommunistisch orientierten bewaffneten Verbänden entstanden vor allem in den besetzten Gebieten weitere militärische Strukturen. Dabei wurden diese Gruppen teilweise getragen von sozialistischen Kräften, aber auch von Franzosen, die sich – eher konservativ – als Patrioten zur Verteidigung von Frankreichs Unabhängigkeit verstanden. Darin eingebunden waren ehemalige Soldaten, die sich mit der Kapitulation nicht abfinden wollten und die in de Gaulles Aufruf vom 18. Juni 1940 einen Appell zur eigenen Organisation in Frankreich sahen. Eine der bedeutenden nicht-kommunistischen Widerstandsgruppen war die »Libération Nord« des Sozialisten und Gewerkschafters Christian Pineau. Sie war anfangs vor allem im Verwaltungsbereich der Militärregierung in Brüssel aktiv.

Diese bewaffneten Kräfte verfolgten unterschiedliche Strategien. Die FTP orientierten als kommunistische Gruppe auf eine direkte Verbindung der bewaffneten Einheiten mit dem zivilen Widerstand und der werktätigen Bevölkerung. Dabei gehörten Flugblattverteilungen, Streiks und betrieblicher Widerstand gegen die Kriegsproduktion mit den Sabotageakten und bewaffneten Aktionen gegen die Besatzungsmacht zusammen. Natürlich musste für die Kampfeinheiten eine andere Form der Absicherung erreicht werden, aber nur durch die Einbindung in die politischen Strukturen sah man eine Erfolgsmöglichkeit für den Widerstand.

Die bewaffneten Kräfte der »Libération Nord« vertraten ein ähnliches Konzept. Dabei stützten sie sich besonders auf die gewerkschaftlichen Kräfte in den Betrieben. Zum anderen bauten sie enge Verbindungen zu belgischen Widerstandsgruppen auf. Mit ihnen wurden auch Sabotageaktionen und andere Maßnahmen abgestimmt.

Die bewaffneten Einheiten der konservativen und gaullistischen Kräfte, zumeist waren es ehemalige Militärangehörige, vertraten eine andere Strategie. Viele von ihnen orientierten lange Zeit vor allem auf die »Sammlung der Kräfte«, das heißt auf die Sammlung von ehemaligen Soldaten und Offizieren der demobilisierten französischen Streitkräfte. Dabei ging es noch nicht um militärische Aktionen, sondern um die Vorbereitung auf den »Tag X«, d. h. die erwartete Landung der Alliierten bzw. der Streitkräfte des »Freien Frankreichs«. Erst im Laufe der Zeit, als das Eingreifen der alliierten Streitkräfte sich deutlich verzögerte, unternahm man die Initiative für eigene Aktionen. Diese Kreise sahen ihre Politik des »Attentismus« durch eine Rundfunkansprache General de Gaulles vom 23. Oktober 1941 legitimiert, der erklärte: »Der Krieg muss von denen geführt werden, die damit beauftragt sind. … In der augenblicklichen Situation erteile ich den Befehl, keine Deutschen vorsätzlich umzubringen … Wenn wir einmal in der Lage sein werden, zum Angriff überzugehen, so werden die erforderlichen Befehle ausgegeben.« (zit. nach: Zentner, Illustrierte Geschichte, S. 280) Damit war auch gesagt, dass die »berufenen Kämpfer« für die Befreiung die Militärs wären, so dass der breite Widerstand des »einfachen Volkes« in dieser Hinsicht keine Rolle spielte.

Die Bedeutung einzelner faschistischer Verfolgungsmaßnahmen

Für das gesellschaftliche Bewusstsein gegenüber faschistischen Verbrechen waren (und sind) die Schicksale einzelner Symbolfiguren von Bedeutung. Eine solche Symbolfigur aus den ersten Jahren des französischen Widerstandes ist Guy Môquet.

Er wurde im April 1924 als Sohn eines kommunistischen Pariser Abgeordneten, Prosper Môquet, in einer Arbeiterfamilie geboren. Als Mitglied der kommunistischen Jugendorganisation unterstützte er von Anfang an den Widerstand. Bei einer Razzia der französischen Polizei wurde er am 13. Oktober 1940 in Paris wegen der Verbreitung kommunistischer Schriften verhaftet. Obwohl er im anschließenden Verfahren freigesprochen wurde, blieb er in Haft und wurde im Mai 1941 in das Internierungslager in Châteaubriant überführt.

Als am 20. Oktober 1941 der deutsche Oberstleutnant Karl Hotz in Nantes Opfer eines Attentats wurde, ordnete Hitler drakonische Vergeltungsmaßnahmen an. Der deutsche Oberbefehlshaber General Otto von Stülpnagel kündigte am 21. Oktober 1941 die Erschießung von zunächst 50 Geiseln an. Weitere 50 Geiseln sollten exekutiert werden, falls bis zum 23. Oktober 1941 die Täter noch nicht gefasst wären. In dieser Situation zeigte die Vichy-Regierung ihr negativstes Bild. Ihr Innenminister Pierre Pucheu stellte eine Liste von 61 Gefängnisinsassen zusammen, mit der Begründung, man müsse verhindern, dass »50 gute Franzosen« erschossen würden. Auch siebzehn Gefangene aus dem Internierungslager Châteaubriant standen auf dieser Liste. Auf Betreiben der deutschen Besatzer wurden dann insgesamt 27 Häftlinge des Internierungslagers auf die Liquidationsliste gesetzt.

Am 22. Oktober 1941 wurde der erst 17 Jahre alte Guy Môquet zusammen mit 26 Mithäftlingen in Châteaubriant von der Wehrmacht erschossen. Weitere in Frankreich bekannte Opfer waren die Kommunisten Charles Michels und Jean-Pierre Timbaud. Guy Môquet war jedoch der Jüngste.

In einem Abschiedsbrief an seine Eltern schrieb er: »Ihr solltet wissen, dass ich mein Bestes gegeben habe, um dem Weg zu folgen, den Ihr mir gezeigt habt. Ein letzter Gruß an alle meine Freunde und meinen Bruder, den ich lieb habe. … Ich bin siebzehneinhalb! Mein Leben war kurz. Ich bereue nichts, außer Euch alle zu verlassen.« (zit. nach: Spiegel online, Guy Môquets Abschiedsbrief – »Meine kleine geliebte Mutter, ich werde sterben«, in: www.spiegel.de/lebenundlernen/schule/, abgerufen 30.6.2018)

Diese Exekution zusammen mit anderen, die gleichzeitig in Nantes und Paris stattfanden, verursachte enorme Empörung im ganzen Land. Vor allem das Alter des jüngsten Opfers schockierte die Franzosen. Es wird berichtet, dass aus Protest gegen diese Hinrichtungen am 31. Oktober 1941 in Teilen Frankreichs für fünf Minuten die Arbeit ruhte.

Der Terror der Besatzungsmacht wurde, basierend auf dem »Geiselmord-Befehl« des Oberkommandos der Wehrmacht vom 16. September 1941 in den folgenden Monaten noch ausgeweitet. So wurden am 14. Dezember 1941 nach einem Anschlag auf einen deutschen Offizier 100 Bürger erschossen sowie 1.850 Kommunisten und 1.000 jüdische Einwohner verhaftet.

Die jüdische Bevölkerung von Paris musste eine Milliarde Francs »Geldbuße« zahlen. (vgl. Deutschland in zweiten Weltkrieg, Bd. 2, S. 459) Zu einer Verschärfung der Verfolgungspraxis führte auch der sogenannte Nacht-und-Nebel-Erlass vom 7. Dezember 1941. Dieser »Führererlass« als geheime Richtlinie für die Verfolgung von Straftaten gegen das Reich oder die Besatzungsmacht in den besetzten Gebieten führte dazu, dass mehrere tausend französische Widerstandskämpfer und Verdächtige nach Deutschland verschleppt und dort heimlich abgeurteilt wurden. Da diese Verschleppungen nicht geheim blieben, dienten sie auch der Einschüchterung der französischen Bevölkerung.

Jean Moulin und die Zusammenführung des bürgerlichen Widerstandes

Zu einer zentralen Figur des organisierten Widerstandes in Frankreich wurde Jean Moulin. Er war als Vierzigjähriger im Jahre 1939 im Département Eure-et-Loire mit der Hauptstadt Chartres jüngster Präfekt Frankreichs. Moulin war kein Linker, er verstand sich als französischer Patriot und lehnte daher die Zusammenarbeit mit der faschistischen Besatzungsmacht ab. Am 7. Juni 1940 wurde er von den Deutschen verhaftet und gefoltert, da er sich weigerte, einen Befehl der deutschen Wehrmacht auszuführen. Aus Angst, unter der Folter schwach zu werden, unternahm Moulin in der Haft einen Selbstmordversuch und schnitt sich mit einer Glasscherbe den Hals auf, woraufhin er entlassen wurde. Um diese Narbe zu verdecken, trug er bis zu seinem gewaltsamen Tode immer einen Schal, was zu seinem Markenzeichen wurde. Am 2. November 1940 enthob ihn die Vichy-Regierung seines Amtes als Präfekt. Daraufhin schloss er sich dem Widerstand an. Ende 1941 reiste er mit illegalen Papieren über Südfrankreich und Portugal nach London, wo er sich mit General de Gaulle traf, den er als Vertreter des »Freien Frankreichs« anerkannte. Auch Vertreter anderer Widerstandsgruppen hatten Kontakt nach England aufgenommen, z. B. Christian Pineau, der Gründer von Libération Nord, der im März 1942 de Gaulle in London traf und über den bewaffneten Widerstand in Nordfrankreich berichtete. Ziel dieser Kontaktaufnahmen waren insbesondere die Bitte um Unterstützung durch das »Freie Frankreich« und das britische Militär.

De Gaulle erkannte das Potential von Jean Moulin und beauftragte ihn – im Namen des »Freien Frankreichs« –, die Résistance-Gruppen, die in unterschiedlichen regionalen und politischen Strukturen existierten, zu vereinigen und zu koordinieren. Am 2. Januar 1942 sprang Moulin mit dem Fallschirm nahe Avignon ab. Dort lernte er Georges Bidault und Albert Camus kennen. Sein Hauptquartier richtete Moulin in

Lyon – im damals unbesetzten Frankreich – ein. Obwohl er sich durch die Autorität de Gaulles gestärkt sah, wurde sein Auftreten nicht von allen Gruppen akzeptiert. Doch im Laufe der Zeit konnte er insbesondere die zersplitterten bürgerlichen Widerstandsgruppen an sich binden. Das gewichtigste Argument für diese Zusammenführung waren nicht inhaltliche Übereinstimmungen, sondern pragmatischer Natur. Bei seiner Ankunft in Lyon brachte Moulin ein Funkgerät und viel Geld mit, um den weiteren Ausbau illegaler Strukturen zu finanzieren. Und in seiner Verantwortung lagen die Verteilung der aus London stammenden Mittel (Geld, Waffen, Kleidung und Lebensmittel) und damit die Versorgung der Gruppen.

Politisch hatte Moulin damit zu kämpfen, dass bis 1942 die Haltung verschiedener konservativ-patriotischer Gruppen gegenüber der Vichy-Regierung ambivalent war. Aufrufe zum Widerstand gegen die deutschen Besatzer konnten durchaus mit einer Akzeptanz gegenüber Pétain, den man weiterhin als »Helden von Verdun« ansah, gepaart sein. Allerdings war dieses Wohlwollen nicht bedingungslos und lehnte grundsätzlich die Politik der Kollaboration ab. Mit jedem weiteren Schritt Vichys in Richtung Kollaboration nahm folgerichtig die Kritik am Regime auch bei den zunächst Pétain freundlich gesonnenen Untergrundkräften zu.

3.
Der Widerstand nach dem deutschen Einmarsch in das »unbesetzte Frankreich«

Die Besetzung Südfrankreichs

Zur Jahreswende 1942/43 waren es militärische Entwicklungen im faschistischen Expansionskrieg, die unmittelbare oder indirekte Auswirkungen auf den Widerstandskampf in Frankreich hatten. Die Angst vor einem eventuellen Zwei-Fronten-Krieg durch die sich abzeichnende Niederlage im Afrikafeldzug führte dazu, dass sich das Oberkommando der Wehrmacht entschloss, die Südzone Frankreichs im November 1942 zu besetzen. Die strategische Überlegung war, damit einer möglichen alliierten Invasion von der Mittelmeerseite her einen militärischen Riegel vorzuschieben.

Dieser Schritt führte dazu, dass das scheinbar »selbstständige« Vichy-Regime nun auf militärisch besetztem Gebiet bestand. Zwar gab es für die Pétain-Regierung, solange sie an der Kollaboration festhielt, keine Alternative, doch zerstörte die widerspruchslose Hinnahme der Besetzung auch die letzten Sympathien für den »Helden von Verdun« unter den konservativen Teilen der Widerstandsbewegung. Manche bis dahin abseits Stehende fanden nun den Weg in den Widerstand. Der spätere Häftling des KZ Buchenwald Bertrand Herz berichtet, dass sein Vater, ein konservativer Veteran des Ersten Weltkrieges, die Haltung Pétains in dieser Situation mit den Worten kommentierte, dieser habe seine Ehre verloren, und sich von nun an von ihm abwandte. (Herz, Tod, S. 51)

Eine mindestens ebenso große Wirkung für den Widerstand hatten der Verlauf und der Ausgang der Schlacht von Stalingrad von November 1942 bis Anfang Februar 1943. In diesem Kampf um die Stadt an der Wolga, bei dem über eine Million Soldaten und Zivilisten ihr Leben verloren, gelang es der Roten Armee zum ersten Mal in einer bedeutenden Kesselschlacht der bis dahin scheinbar unbesiegbaren deutschen Wehrmacht eine vernichtende militärische Niederlage beizubringen. Diese Niederlage setzte in allen okkupierten Gebieten neue Kräfte des nationalen und antifaschistischen Widerstandes frei.

Um ihre ideologische Wirkung im Inneren in Grenzen zu halten, inszenierte das Hitlerregime die berüchtigte »Sportpalast-Kundgebung«, auf der Joseph Goebbels seine Parole vom »totalen Krieg« ausgab. In den okkupierten Ländern wurde mit drakonischen Maßnahmen das Terrorregime noch verschärft. Erste Opfer dieser Maßnahmen in Frankreich waren die »Fünf Märtyrer des Lycée Buffon«. Das Lycée Collège Buffon, eine Schule im 15. Arrondissement von Paris, war während der Zeit der Okkupation ein Zentrum der Résistance. Von hier wurden Flugblätter verbreitet und andere propagandistische Aktionen gegen die Besatzungsmacht gestartet. Auf Veranlassung des Chefs des Sicherheitsdienstes der SS, SS-Obergruppenführer Carl Oberg, entschied man sich zu einem »exemplarischen« Vorgehen. Am 8. Februar 1943 wurden die fünf Schüler Jean Arthus, Jacques Baudry, Pierre Benoît, Pierre Grelot und Lucien Legros von den Nazis erschossen. Diese Hinrichtung wurde zur Abschreckung in Paris mit Plakaten öffentlich bekannt gemacht, erreichte jedoch das Gegenteil. Die Verbitterung über dieses Vorgehen der Okkupanten brachte weitere Menschen zum Widerstand. Im Juni 1944 wurde noch ein weiteres Mitglied der Schulgemeinde, der Lehrer Raymond Burgard, als Anhänger der Résistance hingerichtet.

Der Nationale Widerstandsrat (CNR)

Die politische Arbeit des Widerstandes stand im ersten Halbjahr des Jahres 1943 unter der Losung »Schaffung der Einheit der Résistance«. Die zentrale Figur dieser Einheitsbestrebungen wurde in dieser Zeit Jean Moulin.

Seinen Decknamen »Maquis« leitete er ab von den bewaffneten Einheiten, die sich in Wäldern und Bergen und anderen wenig bevölkerten Gebieten versteckten und »Maquis« oder »Maquisards« genannt wurden. Nachdem er Anfang 1942 als Beauftragter für das »Freie Frankreich« in Südfrankreich gelandet war, ernannte ihn General de Gaulle am 22. Oktober 1942 zum Präsidenten eines »Comité de la Coordination«. Mit diesem Titel versehen, erklärte de Gaulle ihn im März 1943 zum »persönlichen Beauftragten« für die Résistance in ganz Frankreich. Auf Anregung von Léon Blum, der aus der Haft heraus die Koordinationsbemühungen des Widerstandes verfolgte, sollte Jean Moulin einen Nationalen Widerstandsrat bilden. Nach komplizierten Verhandlungen mit den Vertretern der Widerstands- und Partisanengruppen und illegal wirkenden politischen Organisationen im Lande gelang es tatsächlich, am 27. Mai 1943 in Paris eine »Vollversammlung« unter Vorsitz von Jean Moulin zu organisieren, auf der offiziell ein »Conseil National de la Résistance« (CNR) gegründet wurde. Die größte Bedeutung dieses Treffens lag in der Teilnehmerliste. Sie zeigte die politische Breite des Widerstandes. Moulin war es gelungen, die unterschiedlichen Gruppen und Kräfte zusammenzuführen.

An dem Treffen nahmen teil:

- Pierre Villon für den kommunistischen Front National, die größte Gruppe der Widerstandskämpfer;
- Roger Coquoin für die Gruppe Ceux de la Libération und Jacques Lecompte-Boinet für die Gruppe Ceux de la Résistance, zwei Gruppen des an de Gaulle orientierten bürgerlichen Widerstandes;

- Charles Laurent für die Libération Nord, die sozialistisch ausgerichtet war;
- Pascal Copeau für die Libération Sud, einer eher sozialistisch und gewerkschaftlich orientierten Partisanenorganisation;
- Jacques-Henri Simon für die Organisation civile et militaire, die vor allem ehemalige Militärangehörige organisierte;
- Claude Bourdet für die in Lyon gegründete Gruppe Combat Sie wurde zeitweilig die wichtigste Résistance-Gruppe im städtischen Frankreich. Ihre gleichnamige Untergrundzeitung, an der Albert Camus maßgeblich mitwirkte, erreichte Auflagen von 300.000 Exemplaren;
- Eugène Claudius-Petit für die Franc-Tireur, die ebenfalls im unbesetzten Frankreich als überparteiliche linke Gruppe mit der Herausgabe einer Untergrundzeitung begonnen hatte;
- als Gewerkschaftsvertreter waren anwesend Louis Saillant für die linke CGT und Gaston Tessier für die katholische CFTC;
- um die politische Einheit zu dokumentieren, gehörten dem CNR auch die Repräsentanten der sechs wichtigsten politischen Parteien der Dritten Republik an: André Mercier für den PCF, André Le Troquer für die SFIO, Marc Rucart für den Parti républicain, radical et radical-socialiste, Georges Bidault für die Christdemokraten, Joseph Laniel für die laizistische und moderat rechte Alliance démocratique und Jacques Debû-Bridel für die katholisch-konservative Fédération républicaine.

Als Sitz des Widerstandsrates wurde mitten in Paris eine konspirative Wohnung genutzt.

Eines der wichtigsten inhaltlichen Ergebnisse der konstituierenden Sitzung aus der Sicht Moulins war das Bekenntnis der Widerstandsbewegung zur zentralen Rolle de Gaulles.

Mit der Gründung des CNR wurde außerdem ein Führungsanspruch gegenüber allen politischen Strömungen der Résistance erhoben, der zumindest teilweise im Widerspruch zur Wirklichkeit stand. So gab es weiterhin regionale Gruppierungen, die sich den Vorgaben einer zentralen Führung nicht unterzuordnen gedachten. Außerdem waren die kampferfahrenen Einheiten der kommunistischen Partisanenbewegung bei allem Patriotismus nicht begeistert, sich hinter den Führungsanspruch eines konservativen Militärs wie de Gaulle zu stellen.

Die wohl wichtigsten Zugeständnisse, die die Zusammenführung erleichterten, waren erstens das Versprechen Moulins, dass zukünftig alle beteiligten Gruppen, auch die kommunistischen Partisaneneinheiten, die bis dahin von der Unterstützung durch das »Freie Frankreich« und der Briten ausgeschlossen waren, Waffen, Geld und andere notwendige Hilfsmittel aus England erhalten würden. Zweitens konnten die jeweiligen Partisaneneinheiten ihre eigenen Kommandostrukturen beibehalten.

Unter bis heute nicht geklärten Umständen wurde Jean Moulin am 21. Juni 1943 in Caluire-et-Cuire am Rande Lyons bei einem geplanten Treffen mit hochrangigen Mitgliedern der Résistance festgenommen. SS-Hauptsturmführer Klaus Barbie, »Der Schlächter von Lyon«, verhörte Jean Moulin zunächst in der École de Santé militaire, später in der Gestapo-Leitstelle in der Avenue Foch in Paris und in einem Haus in Neuilly. Unter der Folter wurden Moulin beide Beine und beide Arme, sowie mehrere Rippen gebrochen. Trotzdem widerstand er den Verhörmethoden und gab nichts preis. Er starb auf dem Transport in das Vernichtungslager Auschwitz am 8. Juli 1943 in einem Güterwagen bei Metz im Département Moselle. Zu seinem Nachfolger im CNR wurde der Christdemokrat Georges Bidault gewählt.

Für die Zusammenführung der unterschiedlichen Gruppen des Widerstandes im besetzten Frankreich war es von großer Bedeutung, dass bereits am 3. Juni 1943 in Algier, das Ende 1942 von den westlichen Alliierten eingenommen worden war, ein »Comité français de libération nationale« (CFLN) gegründet wurde. Es stand unter der gemeinsamen Leitung der Generäle de Gaulle und Henri Giraud. Auf Drängen der Westalliierten, die für die militärische Zusammenarbeit nur noch einen Ansprechpartner haben wollten, wurden im CFLN das »Komitee Freies Frankreich« de Gaulles und die bereits von den Alliierten befreiten Franzosen in Nordafrika unter Giraud zu einer Exilregierung zusammengefasst. Da de Gaulle die politische Leitung anstrebte, erhielt Giraud die militärische. Es ist bezeichnend für den politischen Charakter dieser Versammlung, dass man sich erst nach zähen Verhandlungen darauf einigen konnte, dass die rassistischen Judengesetze des Vichy-Regimes abgeschafft und die Pressefreiheit wiederhergestellt werden sollten. Der neuen Regierung gehörten als Kommissar (einem Minister vergleichbar) für Inneres der Gaullist André Philip, für Äußeres der Gaullist René Massigli, für Bewaffnung Jean Monnet, für Gefangene, Deportierte und Flüchtlinge der Widerstandskämpfer Henri Frenay, gleichzeitig Vertreter der Gruppe Combat im CNR, und als Staatsminister General Alphonse Georges an. Auch wenn sie seitens der Westalliierten und de Gaulles nicht mit Funktionen innerhalb der CFNL bedacht wurden, unterstützten der PCF und die kommunistischen Widerstandsgruppen diese »Exilregierung« als legitime Außenvertretung Frankreichs. Gleichzeitig traten sie dafür ein, dass »der CNR auf dem gesamten Staatsgebiet die Rechte und die Verantwortlichkeiten eines Treuhänders und provisorischen Organs der nationalen Souveränität« übernahm. (zit. nach: Zentner, Geschichte, S. 284)

Mit der Schaffung einer Exilregierung war der Wiederaufbau von Streitkräften des »Freien Frankreichs« verbunden. In allen Kolonien und in dem Einflussbereich der westlichen Alliierten wurden eigenständige Einheiten ehemaliger französischer Soldaten sowie weiterer Freiwilliger, die sich für die Befreiung französischer Gebiete auch militärisch einsetzen wollten, geschaffen. Diese Einheiten kämpften zuerst in Nordafrika, später – an der Seite der Westalliierten – an allen europäischen Frontabschnitten. Auf der Basis dieser Gemeinsamkeit im Exil wurde auch im besetzten Frankreich die Koordination der bewaffneten Einheiten vorangetrieben. Jacques Bingen gelang es im Auftrag des CNR, Anfang 1944 eine neue Struktur zu schaffen, die unter dem gemeinsamen Namen »Forces Françaises de l'Intérieur« (Französische Streitkräfte im Inneren, FFI) die unterschiedlichen Strömungen zusammenfasste. Dazu schlossen sich am 1. Februar 1944 folgende Gruppierungen zusammen:

- die gaullistische Armée secrète (ein Zusammenschluss von Combat, Libération Sud und Franc-Tireur);
- die kommunistischen Franc-tireurs et partisans als bewaffneter Arm des Front National;
- die Organisation der Résistance de l'Armée (vorrangig ehemalige Militärangehörige);
- isolierte weitere militärische Résistance-Gruppen.

Als Chef des Generalstabes in Frankreich fungierte der Kommunist General Alfred Malleret-Joinville. Oberbefehlshaber wurde ab März 1944 General Marie-Pierre Kœnig, der seinen Sitz in London beim militärischen Stab der US-amerikanischen Streitkräfte hatte. Die Einheiten der FFI verstanden sich selbst als Teil der regulären französischen Streitkräfte. Ihr Aufbau und ihre Organisation waren durchweg militärisch-hierarchisch angelegt, ausgestattet mit den entsprechenden militärischen Rängen und Kommandostrukturen. (Exil in Frankreich, S. 378)

Zusammenarbeit mit den Westalliierten

Ein wichtiger Aspekt der Résistance war ihre Kooperation mit den Westalliierten. Dabei war diese Zusammenarbeit durchaus zweiseitig zu verstehen und hatte verschiedene Ansatzpunkte, wenn auch das Komitee »Freies Frankreich« unter de Gaulle die unmittelbare Zusammenarbeit mit der britischen Regierung dominierte. Dessen ungeachtet arbeiteten militärische Spezialeinheiten und Geheimdienste auch direkt mit Gruppen in Frankreich zusammen.

Dabei darf deren Anteil am Aufbau der Résistance auch nicht überschätzt werden. Zwar war das »Freie Frankreich« zumindest in Teilen des Landes seit Juni 1940 per BBC-Sendungen zu hören, aber erst im Mai 1941 gelang es, dass ein mit Fallschirm abgesetzter Agent eine Funkverbindung von Frankreich nach England herstellen konnte. Vorangegangene Versuche französischer Gruppen erwiesen sich als nicht stabil genug. Auch verfügten die britischen Special Operations Executive (SOE)-Einheiten 1940 erst über drei Flugzeuge, mit denen solche Einsätze geflogen werden konnten. Tatsächlich erfolgte die Versorgung und Materiallieferung in größerem Umfang erst ab 1942. Dabei ist jedoch auch zu berücksichtigen, dass aufgrund der Überwachung des Luftraums und des Funkverkehrs teilweise mehr als die Hälfte der Materiallieferungen per Luft durch die deutschen Dienststellen abgefangen werden konnten. Dennoch ist die Zahl der Lieferungen beeindruckend. Für August 1943 wurden etwa 1.000 Container mit Hilfslieferungen verzeichnet. In der ersten Hälfte des Jahres 1944 noch deutlich mehr. Solche Container enthielten vor allem Waffen und Munition sowie Funkgeräte und andere Materialien, die mit Fallschirmen in den vom Maquis bzw. der Résistance kontrollierten Regionen abgeworfen wurden. Dass die britischen Streitkräfte bei ihren Lieferungen in aller Regel zumeist gaullistische Gruppen bevorzugten, ist bekannt. Auch antifaschistisches Propagandamaterial wurde per Flugzeug über Frankreich abgeworfen.

Zum anderen waren die Widerstandskämpfer auch Unterstützer für alliierte Aufklärer, die mit dem Fallschirm in Frankreich landeten und vor Ort versuchten, die Bedingungen für Luftangriffe zu erkunden. Diese Aufgabe übernahmen zunehmend die örtlichen Widerstandsgruppen. Man ging dazu über, die Alliierten per Funk über Bewaffnung und Bewegungen der deutschen Truppen zu informieren. Insbesondere seit 1943 dienten die Sabotageakte der Résistance in vielfältiger Form der Unterstützung der militärischen Operationen der Alliierten und führten zur Störung der Infrastruktur der Wehrmachtsverbände. Zur Aufklärungsarbeit gehörten auch eigene Register. So wurden für viele französische Gemeinden Verzeichnisse angelegt, in denen Eisenbahntunnel, Langsamfahrstellen der Eisenbahn, Fabriken, Werkstätten und Werften vermerkt wurden. Gleichzeitig versteckten die Résistance-Gruppen Munition und Waffen, statt sie (gemäß Waffenstillstandsbestimmungen) an die Wehrmacht zu übergeben.

Immer wieder wurden Einheiten des Maquis oder andere Widerstandsgruppen durch Instrukteure und Spezialisten des britischen Auslandsgeheimdienstes und weitere Agenten insbesondere der SOE, die mit dem Fallschirm in Frankreich absprangen, unterstützt. In Vorbereitung der militärischen Invasion im Juni 1944 sprangen auch mehrere Teams des US-amerikanischen Office of Strategic Services (OSS) ab, die Kontakt zu Résistance-Einheiten aufnehmen sollten. Ihre Wirkung war jedoch begrenzt, da sie weder über eigene Erfahrungen in Frankreich noch über das notwendige Netzwerk von Kontakten verfügten.

Eine Gesamtübersicht, über die Zahl dieser Einsätze liegt nicht vor. Sie waren aber deshalb von Bedeutung und moralischer Wirkung, weil damit die Einbindung des Kampfes der Résistance in die militärischen Formationen der Anti-Hitler-Front unterstrichen wurde.

Die Organisation des Widerstandes

In Frankreich existierte ein Organisationssystem das umfangreicher war, als in vielen anderen besetzten Ländern. Die Zahl der Mitstreiter war in manchen Einheiten so groß, dass vereinzelt sogar streng konspirative »Mitgliederlisten« geführt wurden. So sollen solche Listen auf schmalen Papierstreifen aus Reispapier notiert worden sein, die bei Verhaftungen heruntergeschluckt werden konnten. Aufgelistet wurden Name, Beruf und Verbindungen der betreffenden Person, ihre Unterbringungs- und Verpflegungsmöglichkeiten sowie ihre Transportmittel (LKW,

PKW, Motorrad, Fahrrad). Quartiermacher beschafften in einem Dorf oder einer Stadt unauffällige Unterkünfte, deren Lage, Flucht- und Ausweichmöglichkeiten sie vorher geprüft hatten.

Für heutige Vorstellungen ungewöhnlich war der fast schon »bürokratische« Apparat, den der CNR im Rahmen seiner Arbeit aufbaute. Für die unterschiedlichen Aufgaben, die der Widerstand zu lösen hatte, wurden tatsächlich konspirative Kommissionen und Komitees geschaffen. Sie sind in gewisser Weise Spiegelbild der verschiedenen Aktionsformen der Résistance, die über den militärischen Kampf hinausgingen.

So gab es:

- Ein Comité d'Action contre la Déportation (Aktionskomitee gegen die Deportation). Diese Gruppe koordinierte die Aktivitäten gegen die Zwangsarbeit des Service du travail obligatoire (STO). Sie informierte über geplante Einberufungen oder Aushebungen, war Ansprechstelle für Untergetauchte und half beim Übergang in den Maquis.
- Das Comité des Actions Immédiates. Hier wurden Sabotageakte geplant und abgestimmt. Dabei ging es darum, wie die vorhandenen Kräfte und anfangs geringen technischen Mittel so effektiv wie möglich eingesetzt werden konnten.
- Ein Comité des Œuvres Sociales de la Résistance (COSOR, Komitee des Sozialwerks der Résistance). Man kann dieses Komitee als Hilfsorganisation für Familien verfolgter und deportierter Résistance-Kämpfer bezeichnen. Diese Arbeit war wichtig, da die Familien von Verfolgten in der Regel von staatlicher Unterstützung ausgeschlossen waren. Und nicht immer reichte Nachbarschaftshilfe aus.
- Das Comité Noyautage des Administrations Publiques (NAP, Komitee zur Unterwanderung der öffentlichen Verwaltungen). Hierüber wurden gefälschte Dokumente und Papiere organisiert. Diese Gruppe leistete unverzichtbare Arbeit. So gut wie alle Dokumente, die zum Überleben notwendig waren, wie z. B. Personalpapiere, Reisedokumente,

Arbeitsnachweise und insbesondere Lebensmittelkarten wurden von Spezialisten gefälscht oder durch Überfälle auf französische oder deutsche Verwaltungen besorgt. Hunderte Kämpfer wurden mit solchen neuen Dokumenten ausgestattet.

- Die Commission de la Production Industriel (Kommission für die Industrieproduktion) versuchte die wirtschaftliche Kollaboration und den Lebensmittelmangel zu bekämpfen. Verbunden damit war auch die Organisation lebensnotwendiger Güter für die in den Wäldern versteckten Maquis-Gruppen.
- Die Commission de Ravitaillement (Kommission für die Versorgung) war mit der Beschaffung von Nachschub beauftragt. Hier ging es einerseits um die Beschaffung von Waffen und Munition aus französischen Beständen und zum anderen um die Verteilung der Lieferungen aus England.

Die Arbeit dieser Komitees und Kommissionen sollte es ermöglichen, dass auch diejenigen Gruppen des Widerstandes, die nicht über entsprechende Kontakte oder Möglichkeiten verfügten, dennoch gesicherte Unterstützung bei ihren Aufgaben bekommen konnten.

Rettung von Menschen

Die Résistance und ihre politischen Arme bauten verschiedene Organisationen auf, um Menschen zu helfen, über die Grenze ins neutrale Ausland zu kommen oder sich in Frankreich oder Benelux mit falschen Papieren zu verbergen. Tausende abgeschossene Piloten wurden gepflegt und über Netzwerke wie »Komet« außer Landes gebracht. Das Fluchtnetzwerk (Réseau Comète, Kometennetz) entstand auf Initiative einer 24-jährigen Brüsseler Krankenschwester: Andrée de Jongh, genannt Dédée.

In den Berichten über die Arbeit von »Komet« heißt es: »Viele der von den Fluchthelfern betreuten (abgeschossenen alliierten, d. Verf.) Soldaten wurden in Brüssel neu eingekleidet, mit falschen Ausweispapieren versorgt und danach bis zu ihrer Abreise versteckt. Das Netzwerk hatte mehrere Routen aufgebaut, über welche dann die Flüchtlinge geleitet wurden. Eine der typischen Strecken führte von Brüssel oder Lille nach Paris und dann via Tours, Bordeaux und Bayonne über die Pyrenäen nach San Sebastián ins neutrale Spanien. Von dort reisten die Flüchtlinge nach Bilbao, Madrid und schließlich Gibraltar. Daneben gab es drei weitere wichtige Routen: Eine sogenannte Pat Line (nach ihrem Gründer Albert Guérisse alias Pat O'Leary) führte von Paris nach Toulouse, via Limoges und dann über die Pyrenäen und Esterri d'Aneu nach Barcelona. Eine zusätzliche Pat Line ging von Paris nach Dijon, Lyon, Avignon, Marseille, dann nach Nîmes, Perpignan und Barcelona; von dort wurden die Flüchtlinge nach Gibraltar geleitet. Die dritte Strecke – die Shelbourne Line – führte nordwärts: von Paris nach Rennes und Saint-Brieuc in der Bretagne, von wo die Männer nach Dartmouth an der britischen Küste übersetzten.« (zit. nach: Wikipedia, Eintrag zu Komet [Fluchtnetzwerk], abgerufen 30.6.2018)

Eine wichtige Unterstützung bei dieser Fluchthilfe leistete der britische Militärgeheimdienst MI9.

Mit der Besetzung Südfrankreichs wurden diese Fluchtrouten zunehmend unpassierbar. Außerdem wurden Helfer des Netzwerks verraten, verhaftet und in Gefängnisse verbracht. Andrée de Jongh und weitere Mitglieder des Netzwerkes wurden in verschiedene Konzentrationslager deportiert, in das KZ Ravensbrück, nach Mauthausen-Gusen, Buchenwald oder Flossenbürg. Die Bilanz ihrer Arbeit ist beeindruckend. Allein durch das »Réseau Comète« konnten ca. 800 Soldaten gerettet werden. Insgesamt geht man von gut 5.000 Soldaten aus, die mit Hilfe solcher Fluchtnetzwerke während des Zweiten Weltkrieges die britischen Inseln erreicht haben.

Wem eine solche Flucht ins Ausland nicht möglich war, der benötigte Hilfe im Land selbst. Zu einem großen Problem wurde es, als, beginnend im Frühjahr 1942, die systematische

Verschleppung jüdischer Menschen aus den besetzten Gebieten Frankreichs in die Vernichtungslager im Osten startete. Adolf Eichmann erklärte ein Jahr nach dem Überfall auf die Sowjetunion am 22. Juni 1942, geplant sei zunächst, etwa 40.000 Juden aus den besetzten französischen Gebieten zu deportieren. Formell hatten die SS und die Besatzungsdienststellen mit der Vichy-Regierung noch die Vereinbarung getroffen, dass »lediglich staatenlose Juden, vor allem ehemals polnischer, tschechoslowakischer und russischer Staatsangehörigkeit abgeschoben« würden, aber diese Einschränkung wurde schon bald aufgehoben. »Als zweite Phase für den gegenwärtig anlaufenden Großabschub von Juden aus Frankreich ist beabsichtigt, von der französischen Regierung (i. e. Vichy-Regime) die Entnaturalisierung der nach dem Weltkrieg hereingekommenen Juden zu verlangen, damit auch deren Abtransport erfolgen könnte.« (Schreiben vom 9.7.1942, zit. nach: Klarsfeld, Endlösung der Judenfrage in Belgien, S. 31f)

In dieser Situation trugen Gruppen der Résistance dazu bei, dass bedrohte jüdische Menschen illegal über die Demarkationslinie in das noch unbesetzte Frankreich gelangen konnten. Im besetzten Frankreich entstanden zudem konspirative Quartiere – selbst in kleineren Orten. Peter Gingold berichtet davon, dass seine Eltern und seine Frau eine ganze Zeit lang auf diese Weise überlebt haben. Wie sich nach dem Krieg herausstellt, hatte das ganze Dorf von der Existenz der jüdischen Familie gewusst, aber niemand hat diese denunziert. (vgl. Gingold, Paris, S. 84f)

Als Widerstandskämpfer half Léon Poliakov zusammen mit weiteren untergetauchten Juden in einer »Gruppe André« in Südfrankreich bei der Rettung jüdischer Kinder, indem sie nicht-jüdischen französischen Familien zur Betreuung übergeben wurden. Auch die älteste Tochter von Peter Gingold wurde auf ähnliche Weise geschützt. Andere jüdische Kinder konnten mit Unterstützung der Kinderhilfe des Schweizerischen Roten

Kreuzes überleben. Dabei halfen französische Widerstandsgruppen, die Schweizer Grenze illegal zu überqueren.

Bekannt ist auch das Schicksal der Kinder von Izieu. Vom Mai 1943 bis April 1944 organisierte die Résistance in dem 80 Kilometer von Lyon entfernt liegenden Hofgut in der Gemeinde Izieu unter dem Namen La Maison d'Izieu die Aufnahme jüdischer Kinder unterschiedlicher Nationalität, deren Eltern von den Nazis deportiert worden waren. Die Betreuer versuchten bis zuletzt geheim zu halten, dass sie jüdische Waisen und Halbwaisen versorgten. Am 6. April 1944 wurden aber 44 Kinder auf Befehl des Lyoner Gestapo-Chefs Klaus Barbie zusammen mit ihren sieben Betreuern verschleppt und über Drancy in das Vernichtungslager Auschwitz-Birkenau deportiert. Überlebt haben nur León Reifmann, der durch ein Fenster im Treppenhaus fliehen und sich im Nachbargehöft verstecken konnte, sowie eine der Betreuerinnen, Lea Feldblum, die 1987 im Prozess gegen Klaus Barbie als Zeugin der Anklage aussagte.

Andere Gruppen unterstützten junge Wehrpflichtige aus Elsass-Lothringen, die als Deutsche galten und zwangsweise für die Wehrmacht oder Waffen-SS rekrutiert wurden. Diese Zwangsrekrutierungen betrafen etwa 100.000 Elsässer und 30.000 Lothringer. In Frankreich wurden sie »Malgré-nous« (»Wider unseren Willen«) genannt, und der Widerstand half ihnen bei der Flucht ins besetzte oder unbesetzte Frankreich, soweit sie sich der Zwangsrekrutierung zu entziehen versuchten. Sie erhielten neue Papiere und Quartiere. Oftmals gingen sie daraufhin selber in die kämpfenden Einheiten, sodass mit jedem Flüchtling auch die Résistance gestärkt werden konnte. Ähnliches galt auch für jene Franzosen, denen die Deportation zur Zwangsarbeit oder die Verpflichtung im Rahmen des »Service du travail obligatoire« (STO) drohte. Nach bisherigem Kenntnisstand haben sich etwa 25.000 durch Flucht in die Berge oder nicht erreichbare Wälder der Zwangsarbeit entzogen. Oftmals unterstützten auch sie daraufhin die Einheiten des »Maquis«.

Zwar konnte die Résistance nie für sich in Anspruch nehmen, die Mehrheit der Bevölkerung aktiv einzubeziehen. Zu gering war die Zahl der tatsächlichen Kämpfer oder der Aktivisten in den antifaschistischen Netzwerken. Wie Yves Durand aber betont, konnte der Widerstand »nur mit Unterstützung der Mehrheit der Bevölkerung existieren«.

»Zuflucht für die gehetzten Widerstandskämpfer, Übermittlung von Nachrichten, Verpflegung der Maquis, Hilfeleistung bei Fallschirmabwürfen haben viel mehr Männer und Frauen mobilisiert, als die … Arbeit von Historikern, die von einer zu engen Konzeption des Widerstands ausgehen, rechnerisch ergeben kann. Ohne diese breite Hilfe der Bevölkerung hätte die Widerstandsbewegung nicht überleben, sich entwickeln und sich ununterbrochen trotz der schrecklichen Schläge der Unterdrückung immer wieder erneuern können. Mehr noch, man kann diese Osmose zwischen den aktiven Widerstandskämpfern und dem Milieu, in dem sie heimisch waren, als Schlüsselfaktor für die Wirksamkeit des Widerstands betrachten.« (Durand, Der Widerstand, S. 213)

Mobilisierung gesellschaftlicher Kräfte

Nachdem die Bereitschaft zur Unterstützung oder auch nur der hinnehmenden Tolerierung der deutschen Okkupationsmacht schon im ersten Jahr der Besatzung in Teilen der Bevölkerung deutlich abgenommen hatte, sahen sich immer mehr gesellschaftliche Kräfte veranlasst, ihre Position gegenüber der sich entwickelnden Résistance zu klären.

Auch Künstler, Schriftsteller, Philosophen und andere Intellektuelle stellten sich bewusst auf die Seite des Befreiungskampfes. Wie weit sich diese Unterstützung im Laufe der Jahre entwickelte, wird im »Manifest der Nationalen Front der Schriftsteller« von 1943 erkennbar. Darin hieß es: »Das Regime, das uns aufgezwungen wird, unter dem Gedankenfreiheit und freie Meinungsäußerung überhaupt abgeschafft sind, unter dem nur jene das Recht haben, frei zu schreiben, frei zu reden, die das Lob des Feindes singen, dieses Regime lässt ahnen, wie es um das Schicksal unserer Kultur in dieser ›Neuen Ordnung‹ bestellt wäre.

Schriftsteller Frankreichs, wir müssen in diesem historischen Kampf, den die Nationale Front auf sich genommen hat, unseren Teil beitragen. Gegen das gesamte geistige Schaffen Frankreichs wird ein Angriff geführt. Wir werden es verteidigen.

Wir, die Vertreter aller Anschauungen und Konfessionen, Gaullisten, Kommunisten, Demokraten, Katholiken und Protestanten, wir haben uns geeinigt, um die *Nationale Front der Französischen Schriftsteller* zu konstituieren.

Wir sprechen den Völkern Großbritanniens, der Sowjetunion, der Vereinigten Staaten von Amerika und Chinas unsere Bewunderung für den von ihnen geführten Kampf gegen die Barbarei aus.

Wir sprechen unsere Bewunderung aus für die Opfer des Terrors, der gegenwärtig auf Betreiben Hitlers und seines Lakaien, der Regierung Pétain, in Frankreich wütet. Wir werden das Unsere dazu beitragen, die Namen dieser Helden unauslöschlich dem Gedächtnis der Franzosen einzuprägen.« (zit. nach: FIR, Literatur und Widerstand, S. 192)

Zu den bekanntesten Vertretern dieser Gruppe gehörten Louis Aragon, Albert Camus und Jean Paul Sartre.

Louis Aragon gab ab 1941 gemeinsam mit seiner Frau Elsa Triolet und weiteren Literaten wie François Mauriac, Claude Morgan, Edith Thomas, Georges Limbour, Raymond Queneau und Jean Lescure in Nizza die Literaturzeitschrift *Les Lettres françaises* heraus. Als im Sommer 1942 mehrere Mitarbeiter verhaftet und durch die französische Polizei erschossen wurden, flohen Aragon und Triolet in die Provence, wo sie sich mit falschen Papieren verstecken konnten.

Einen Kultstatus schon während der Besatzungszeit besaß die Novelle »Das Schweigen des Meeres« (frz. Le silence de la mer) von Jean Marcel Bruller (Pseudonym: Vercors) aus dem

Jahr 1942. Er ließ den Text in Genf drucken. Es war der erste Titel des Untergrundverlages Éditions de Minuit, der heimlich im von den Deutschen besetzten Paris veröffentlicht wurde. Diese Erzählung verdeutlicht die Einstellung vieler Franzosen gegenüber der deutschen Besatzung. Sie berichtet nicht von aktivem Widerstand, sondern von der auf Distanz bedachten Haltung des bürgerlichen »stummen Frankreich« (»la France muette«). Vercors entlarvte mit diesem Text die in Teilen des Bürgertums vorhandene Illusion einer möglichen Verbrüderung zwischen Hitlerdeutschland und Pétain, indem er anschaulich vor Augen führte, welche Herrschaftsbedingungen Nazideutschland seinen Nachbarn aufzwang.

Welche Bedeutung der Literatur für den Widerstand zukam, mag eine Anekdote über de Gaulle zum Ausdruck bringen. Dieser soll beim Einzug der französischen Befreier 1944 in Paris, an deren Spitze er marschierte, ein Gedicht von Louis Aragon »Der Flieder und die Rose« (Les lilas et les roses), welches – mit dem Symbol von zwei Blumen – die Zusammenarbeit von Gaullisten und Kommunisten in der Résistance lobte, auswendig laut deklamiert und »wie eine Trikolore« vor sich hergetragen haben. (siehe: Wikipedia, Eintrag zu Louis Aragon, abgerufen 30.06.2018)

Welche besondere Rolle Kunst und Kultur im Widerstandskampf spielten, zeigt das wohl bekannteste Lied des französischen Widerstandes, der »Chant des Partisans« (Lied der Partisanen). Das Lied entstand 1943 in London. Anna Marly, eine Exilrussin, nutzte als Grundlage die Melodie eines russischen Partisanenliedes. Joseph Kessel und Maurice Druon verfassten den Text, der zum Kampf für die Befreiung Frankreichs aufruft. Mehrfach trug Anna Marly das Lied in den französischsprachigen Sendungen der BBC vor. Das Lied wurde so populär, dass man es ohne Übertreibung als Hymne der Armee des »Freien Frankreichs« und der Résistance bezeichnen kann. In Erinnerungsberichten wird davon gesprochen, dass das leise Summen der Melodie auch als Erkennungszeichen von Gruppen des Maquis genutzt wurde.

Zu dieser gesellschaftlichen Mobilisierung gehört auch die politische Aufklärungsarbeit. Neben den seit der Besetzung illegal erscheinenden Parteiorganen wie *l'Humanité* entstand im Zusammenhang mit den sich entwickelnden Widerstandsgruppen eine Untergrundpresselandschaft, die den Propagandablättern der Okkupationsmacht und den Zeitungen des Vichy-Regimes nicht nachstand. In einer Sammlung von Reprint-Ausgaben (vgl. Guérin, La Résistance, Kassette mit Materialien) finden sich exemplarisch folgende Zeitungen:

- *Combat* vom Dezember 1942. Diese Zeitung wurde vor allem in Lyon und im Großraum Paris verbreitet.
- *Courrier Français du Témoignage Chrétien*, eine Zeitung antifaschistisch orientierter Katholiken, die sich ebenfalls aktiv im Widerstand engagierten.
- *Défense de la France*, die als Gründungsdatum den 14. Juli 1941 angab und sich vor allem an ehemalige Militärangehörige richtete.
- *Le Franc-Tireur*, der sich in der Ausgabe vom April 1942 mit den Folgen der Zwangsarbeit (STO) beschäftigt.
- *Libération*, die sich in der Ausgabe März 1942 auf vier Seiten mit der Weltlage und dem gewerkschaftlichen Widerstand beschäftigt.
- Ein *Organ du Mouvement de la Libération Nationale*, das im Frühjahr 1943 gegründet wurde.
- *Front National* als Zeitung des zusammengefassten kommunistisch orientierten Widerstandes.
- *France d'Abord*, das Organ der kämpfenden Einheiten der FTP und der FTP-MOI.
- *La vie ouvrière*, eine Gewerkschaftszeitung der CGT.
- *Les Lettres Françaises*, eine Literaturzeitung des »Comité national des Ecrivains«, die das politische Motto propagierte: »La littérature, cette liberté!«

Dieser kleine Überblick belegt die Vielfalt der Untergrundzeitungen. Konnten anfangs noch Druckereien im unbesetzten Teil Frankreichs für ihre Herstellung genutzt werden, so mussten sie seit Ende 1942 völlig konspirativ produziert werden. Bei der Wahl der Druckorte kam es nun noch mehr auf Kreativität an. Die französische Geheimpolizei und die deutschen Besatzer entdeckten Druckmaschinen nicht nur in Privatwohnungen, sondern auch in Scheunen auf dem Lande, selbst in einem Büro der Vichy-Administration war ein Vervielfältigungsapparat der Résistance versteckt worden.

In Einzelfällen wurden Propagandamaterialien auch in Großbritannien hergestellt. Der größte Teil der Flugblätter, Zeitungen und anderer Aufklärungsschriften wurde jedoch in Frankreich selber produziert.

Die Themen der Zeitungen waren so vielfältig wie die politische Orientierung der Widerstandsgruppen. Natürlich veröffentlichte man die Erklärungen der französischen Exilregierung und auch der eigenen Organisation. Außerdem findet man in fast allen Zeitungen Berichte über die Verbrechen der Besatzungsmacht und ihrer Kollaborateure. Was als Abschreckung gedacht war, wurde von den Antifaschisten als Anklage formuliert. Damit wurde auch deutlich gemacht, dass die Täter sich schon bald würden verantworten müssen. Im gleichen Sinne findet man regelmäßig Berichte über erfolgreiche Sabotageaktionen und andere Maßnahmen der betreffenden Résistance-Einheiten.

Zwar versuchten die Gestapo, der SD und die Vichy-Geheimpolizei immer wieder gegen Druckereien und Auslieferer der illegalen Zeitungen vorzugehen und diese Strukturen zu zerschlagen. Doch gelang dies trotz großer Opfer zu keinem Zeitpunkt. Berichte sprechen sogar davon, dass im Jahr 1944 in Frankreich die Auflagen der Kollaborationspresse deutlich zurückgegangen sind, während die Untergrundpresse sich großer Aufmerksamkeit erfreute.

Beispiele bewaffneten Widerstandes

Es ist kaum möglich, die ganze Bandbreite an bewaffneten Widerstandsaktionen aufzulisten. Nach unvollständigen Zahlen des Oberkommandos der Wehrmacht, die nur solche Unternehmungen wiedergeben, die sich gegen Angehörige der Armee oder gegen Einrichtungen und Infrastruktur der Besatzer richteten, gab es 1943 über 8.000 Aktionen, also knapp 25 Anschläge und Zerstörungen pro Tag. Das besetzte Frankreich war also in keiner Weise ein »ruhiges Hinterland«, vielmehr konnten sich die Besatzungstruppen auch zu Zeiten, in denen keine Kampfhandlungen stattfanden, niemals sicher fühlen.

In einem »Marschjournal der FTP von Haute-Saône« wurden folgende Kampfeinsätze aufgelistet:

- »2.9.1943 – Die Gruppe Liberté sabotiert die Schleuse von Conflandey (Ostkanal). Mehrtägige Verkehrsunterbrechung.
- 16.9.1943 – Die Abteilung Jules Mongin sprengt auf dem Bahnhof von Port-sur-Saone einen Kran, der zum Verladen von Holz für die Deutschen dient, und setzt zwei Fourageschuppen in Brand. Die Abteilung stand unter dem Befehl von Oberleutnant Charles. …
- Am 21.9.1943 haben die Gruppen Alsace, Valmy und Chasseur einen kleinen deutschen Posten bei Semondans mit Bomben und Gewehren angegriffen. Der Kampf dauerte eine Viertelstunde und endete mit dem Tod von drei Deutschen durch Gewehrschüsse; mehrere andere wurden verletzt. Obwohl der Feind MG-Feuer eröffnete, hatten wir keine Verluste. …
- Am 22.9.1943 exekutierte eine Gruppe der Abteilung Rousset in Jonvelle eine Gestapo-Agentin und ihre beiden Leibwächter, Mitglieder des PPF.
- Am 25.9.1943 setzen Teile der Gruppe Alsace und Valmy bei Combeaufontaine einen Fourageschuppen der deutschen Armee in Brand.

- Am 3.10.1943 sprengt die Abteilung Mongin nach einem Dreißig-Kilometer-Nachtmarsch drei Tore der Schleuse von Chemilly (Ostkanal).
- Am 4.10.1943 exekutiert die Gruppe Marceau in Port-sur-Saône zwei Verräter, Verbindungsmänner der Gestapo.
- Am 5.10.1943 sprengt die Gruppe Lorraine die Bahnstrecke Paris-Belfort bei der Durchfahrt eines deutschen Militärzuges und beschießt diesen. Verkehrsunterbrechung: vierzehn Stunden. Die Gruppe Reichshoffen entwaffnete in Luxeuil zwei ›kollaborierende‹ Gendarmen und schickt sie zur Gendarmerie, nachdem sie ihnen die Revolver weggenommen hat.
- Am 8.10.1943 sprengt die Gruppe Alsace die Strecke Vesoul-Gray, so dass der Verkehr für mehrere Stunden unterbrochen ist.«

  (zit. nach: Ouzoulias, Bataillone, S. 347ff)

Ähnliche Berichte könnte man aus fast allen französischen Départements, in denen die Résistance oder Maquis-Einheiten aktiv waren, finden. Die Aktionen richteten sich – wie zu sehen – gegen die Verkehrsinfrastruktur, gegen die deutschen Besatzer selber und gegen Kollaborateure, wenn sie eine Bedrohung des Widerstandes darstellten.

Eine besondere Gruppe in diesem Verbund bewaffneter Widerstandsorganisationen waren ohne Zweifel die Francs-tireurs et partisans – Main d'Œuvre Immigrée (FTP-MOI). Deren Einheiten stellten eine Untergruppe der kommunistischen Organisation Francs-tireurs et partisans (FTP) dar. Das Besondere dieser Einheiten war ihre Zusammensetzung. Die Main d'Œuvre Immigrée war gewissermaßen die »Immigranten-Bewegung« der FTP. Auf die Gruppe der Einwanderer konnte sich der Widerstand in doppelter Hinsicht verlassen. Zum einen sahen viele dieser Antifaschisten ihren Kampf auch als Beitrag zur Befreiung ihres von den Nazis besetzten Heimatlandes an. Durch die faschistische Rassenpolitik waren zum anderen viele von ihnen im besonderen Maße bedroht, so dass sie bei einer möglichen Verhaftung Internierung, Deportation und Tod fürchten mussten.

Groupe Manouchian / L'affiche rouge

Die Arbeit der FTP-MOI wurde schon in der Besatzungszeit in ganz Frankreich bekannt, nachdem dem französischen Geheimdienst ein schwerer Schlag gegen eine ihrer Gruppen gelungen war. 23 Mitglieder der etwa 40 Mitglieder umfassenden Manouchian-Gruppe wurden 1943 verhaftet.

Diese Gruppe hatte sich seit Mitte 1942 mit verschiedenen – teils spektakulären – Aktionen gegen die Besatzungstruppen im Großraum Paris hervorgetan. Dazu gehörten die Erschießung eines Offiziers der Wehrmacht auf offener Straße, ein Handgranaten-Angriff gegen einen Paradeaufmarsch der SS auf einer der Pariser Prachtstraßen, verschiedene Sprengstoffattentate gegen die Versorgungswege der Besatzungstruppen und weitere militärische Kommandounternehmen. Die Entdeckung dieser Gruppe gelang dem französischen Geheimdienst erst nach mehreren Monaten und dies auch nur mit Hilfe eines Spitzels, da die sozialen Netzwerke der Migranten auch für die französische Geheimpolizei nur schwer aufzubrechen waren.

Neben Joseph Epstein (einem Polen) und Missak Manouchian (einem Armenier) als Hauptangeklagten standen in dem folgenden Prozess ein Spanier, eine Rumänin, fünf Italiener, acht Polen, zwei Armenier, drei Ungarn und drei Franzosen vor Gericht. Die Mehrheit von ihnen war unter 30 Jahren. Es waren Juden und Nicht-Juden, in Frankreich geboren oder mit ihrer Familie dorthin geflüchtet, Arbeiter verschiedener Berufe, ein Bauer sowie Intellektuelle.

In der Anklage wurden allein Manouchian 50 Attentate mit 150 Toten und 600 Verletzten vorgeworfen. Zudem gingen Entgleisungen von Zügen, Sabotageaktionen gegen Verkehrswege, Sprengstoffattentate und bewaffnete Überfälle auf deutsche Einrichtungen und Besatzungssoldaten auf das Konto der Gruppe. Der Schauprozess vor einem deutschen Militärtribunal im Hotel Continental begann am 17. Februar 1944. Nach drei Tagen wurden alle Angeklagten ohne Recht auf Revision zum Tode verurteilt und durch ein deutsches Erschießungskommando hingerichtet. Nur die Rumänin Olga Bancic wurde nach Deutschland überführt, in einem weiteren Prozess angeklagt und verurteilt und im Mai 1944 in Stuttgart enthauptet.

Der Prozess wurde seitens der Besatzer propagandistisch ausgeschlachtet. Die Vichy-Presse und die Besatzungszeitungen berichteten ausführlich über die »Terroristen«, wobei kein Stereotyp des Antisemitismus und der Fremdenfeindlichkeit ausgelassen wurde. Vor der Erschießung wurden die Verurteilten sogar noch der Presse vorgeführt. Diese Berichte wirkten aber bereits ambivalent, erfuhren doch damit alle Franzosen, wie breit der bewaffnete Widerstand bereits im Jahr 1943 war. Die Behauptung, diese Kämpfer seien nur »kriminelle Ausländer« und »Banditen« gewesen, war selbst für überzeugte Kollaborateure wenig einleuchtend.

Als Höhepunkt der Propagandakampagne wurde ein Plakat erstellt, das zehn der Hingerichteten mit ihren Namen und Porträtfotos auf rotem Hintergrund sowie Fotos von ihnen zugeordneten Sabotageakten zeigte. Das Plakat ist bis heute unter dem Namen »l'Affiche rouge« populär. Es wurde in mindestens 15.000 Exemplaren gedruckt und in Paris sowie in mehreren französischen Städten öffentlich aufgehängt. Ziel der Besatzungsmacht und des Vichy-Regimes war es, die bewaffneten Widerstandskämpfer als ausländische Terroristen und »Nicht-Franzosen« zu zeigen sowie abschreckend und demotivierend zu wirken. Damit sollten fremdenfeindliche Ressentiments gegen die Migranten ausgelöst werden.

Da dies eine reale Gefahr war, beschäftigten sich insbesondere die kommunistischen Widerstandsgruppen mit diesem Problem. Sie sahen es als notwendig an, allen Formen von Rassismus und Fremdenfeindlichkeit offensiv entgegenzutreten. (vgl. Bourderon, PCF, S. 4ff) Der PCF fasste dazu grundlegende Beschlüsse für die politischen Instrukteure der Widerstandsgruppen und erstellte ein Flugblatt, das sich offensiv mit der fremdenfeindlichen Kampagne auseinandersetzte. Darin heißt es: »Die Einwanderer haben einen zweifachen Grund, die Piefkes zu hassen. Sie erleiden mit uns die Besetzung Frankreichs und sie leiden infolge der Verbrechen, die von den Nazis in ihrem Ursprungsland gegen ihre Angehörigen verübt werden. ... Von großem Eifer gegen den Hitlerismus beseelt, sabotieren sie die Produktion, nehmen an den Lohnkämpfen der französischen Arbeiter teil und überhaupt an allen patriotischen Kundgebungen. ... Um die patriotischen Kräfte aufzuspalten, führen die Nazis und die Verräter seit einigen Wochen eine schmutzige Fremdenhasskampagne und versuchen, diese eingewanderten Patrioten als gewöhnliche Banditen und Mörder hinzustellen. ... Durch ihre mutige Haltung haben sie ... der französischen Widerstandsbewegung einen großen Dienst geleistet, indem sie die Öffentlichkeit über das wahre Gesicht jener Patrioten aufgeklärt haben, die mit der Waffe in der Hand gegen den Feind kämpfen. Sie haben gleichzeitig den fremdenfeindlichen Hasskampagnen und den Spaltungsversuchen der Hitler-Leute den Garaus gemacht.« (zit. nach: FIR, Hefte des Widerstands, S. 400)

Die »Nationale Bewegung gegen den Rassismus« (MNR) erklärte in einem anderen Flugblatt: »Die Franzosen wissen ..., daß der Kampf, der jetzt in Frankreich geführt wird, nur eine Episode der ungeheuren Schlacht ist, die sich zwischen den unterdrückten Völkern und den Nazihenkern abspielt. Sie wissen, daß es die gleiche Schlacht ist, die sich in den Ebenen Polens, unter der Sonne Griechenlands, in der bretonischen Heide, in Jugoslawien und in der Haute-Savoie oder unter dem grauen Himmel Flanderns abspielt, und daß jeder Mensch, der kämpft, wo immer er kämpft, für die gemeinsame Verteidigung von Freiheit, Gleichheit und Menschenwürde aller kämpft.« (zit. nach: FIR, Hefte des Widerstands, S. 401)

An diesen Beispielen wird deutlich, dass die Antifaschisten nicht nur die Gewalttaten des Besatzungsregimes verurteilten, sondern gleichzeitig gegen die fremdenfeindliche Propaganda eine deutlich internationalistische Antwort gaben. In der Bevölkerung wurde dieser Zusammenhang vielfach ähnlich gesehen. So wird berichtet, dass am Fuße der von den Besatzern geklebten Plakate frische Blumen niedergelegt wurden. Andere Plakate wurden mit Losungen versehen, wie »Morts pour la France!« (Gestorben für Frankreich!).

Die Geschichte dieser Widerstandsgruppe führte in den 1980er Jahren in Frankreich zu einer historischen Kontroverse. Stéphane Courtois, der Autor von »Das Schwarzbuch Kommunismus«, behauptete, die Aufdeckung der Gruppe Manouchian sei durch Verrat aus den Reihen der KP ermöglicht worden. Nach massiven Einwänden musste er später Teile seiner Behauptungen zurücknehmen. 2007 widerlegte eine Fernsehdokumentation mit Zeitzeugen und neuen bislang unbekannten Archivquellen diese Verleumdung überzeugend. Im September 2009 wies auch der letzte Überlebende der FTP-MOI, Arsène Tchakarian, entschieden zurück, dass der PCF die Manouchian-Gruppe verraten habe.

Widerstand in den Regionen

Welchen Umfang die Widerstandsaktionen nicht nur in der Hauptstadt, sondern auch in den verschiedenen Regionen annahmen, lässt sich anhand zahlreicher Dokumente nachvollziehen. Exemplarisch sei ein Kommuniqué der FTP (Kühnrich, Partisanenkrieg, S. 482f) vom November 1943 zitiert, das folgende Wochenbilanz auflistet:

»In der Woche vom 6. bis zum 13. November haben unsere Abteilungen dreizehn Züge zum Entgleisen gebracht. Zwölf Lokomotiven und mehr als 200 Waggons sind völlig zerstört worden. Vom 1. bis zum 13. November sind in den verschiedenen Depots 125 Lokomotiven unbrauchbar gemacht worden.

Zwischen Bohain und Saint-Quentin ist ein Tankzug zum Entgleisen gebracht worden. Die Deutschen haben 400.000 Liter Treibstoff verloren. Sieben deutsche Begleiter, die den Zug zu bewachen hatten, sind getötet worden.

In den nordfranzösischen Kanälen haben unsere Sprengtrupps vier Schleusen gesprengt. Ein für Deutschland bestimmter Frachtkahn mit Getreide und 32 weitere Frachtkähne sind versenkt worden. Im Elsass und in Lothringen haben die Partisanen 22 Gestapoagenten und 14 Spitzel getötet. …

Im Departement Sâone-et-Loire hat eine Partisanenabteilung, um den Streik der Bergarbeiter zu unterstützen, eine Kanalbrücke zwischen Blanzy und Montceau-les-Mines gesprengt.

Zu zahlreichen kleinen Gefechten mit den Besatzungstruppen kam es in den Departements Cher, Vienne und Vorrèze.«

In dem Report der FTP wurde auf eine besondere Widerstandsform hingewiesen, die mit der faschistischen »Germanisierungspolitik« des Elsass zusammenhängt. In der Landwirtschaft trieben die Okkupanten die »Eindeutschung« durch die Übergabe von geraubten Höfen als »Erbhöfe« an politisch zuverlässige deutsche Bauern voran. Die früheren Besitzer wurden enteignet und umgesiedelt. Bereits im Jahre 1940 waren 105.000 Elsässer verschleppt worden. Weitere Umsiedlungen waren geplant. Und so wird auch verständlich, warum es in der Erfolgsmeldung des Widerstandes heißt: »Im Elsass haben sie 125 ihren Eigentümern gestohlene Bauernhöfe in Brand gesteckt, die von den Deutschen bewirtschaftet wurden.«

In einer anderen Region bildeten ehemalige Spanienkämpfer den Kern des bewaffneten Kampfes, es war die 35er-Brigade in der Region Toulouse. Sie trug ihren Namen auf Grund der Zahl der Schützen, die bereits in den Internationalen Brigaden zur Verteidigung der spanischen Republik gekämpft hatten. Verantwortlich für diese Einheit der FTP-MOI war Marcel

Langer. Langer wurde bei einer Personenkontrolle im Februar 1943 verhaftet, während er Sprengstoff transportierte. Damit war sein Schicksal besiegelt. Sein Prozess fand vor der section spéciale des Toulouser Berufungsgerichts statt. Der französische Ankläger, avocat général Lespinasse, forderte die Höchststrafe und Langer wurde am 21. März 1943 zum Tode verurteilt. Es dauerte noch bis zum 23. Juli 1943, bis er hingerichtet wurde. Ihm zu Ehren nannte sich die Kampfeinheit fortan Brigade Marcel Langer. Diese Einheit war durchaus erfolgreich. Durch die Vichy-Polizei konnten jedoch im Laufe der Zeit weitere achtzehn Mitglieder der Gruppe verhaftet werden, die an die Deutschen ausliefert wurden. Zwei von ihnen starben aus unbekannten Gründen während der Deportation im Zug, vier wurden erschossen. Das Schicksal der anderen ist nicht mehr aufklärbar.

Von großer Bedeutung war auch der Widerstandskampf in der Bretagne. Während die Besatzungsmacht versuchte, bretonische Nationalisten als Kollaborateure zu gewinnen, entwickelte sich in der Region gleichzeitig eine Widerstandsbewegung. Albert Ouzoulias kommt zu dem Ergebnis: »Nirgends war der Zusammenschluss von Kommunisten, Sozialisten und Katholiken so vertrauensvoll, so breit wie in der Bretagne.« (Ouzoulias, Bataillone, S. 201) Auf allein acht Seiten listet er die verschiedenen Aktionen und Formen des Widerstandes auf. Dazu gehörten die Hilfe für Flüchtlinge, die Befreiung von Kriegsgefangenen sowie die Organisation von gefälschten Papieren und Dokumenten. Natürlich wurden auch hier zahlreiche Flugblätter verteilt und Waffen sowie militärische Ausrüstung für den Kampf gesammelt. Aktionen gegen die Eisenbahnlinien nach Brest und den anderen von der deutschen Kriegsmarine genutzten Hafenanlagen gehörten ebenso dazu wie die Sabotage an der Erdölraffinerie in La Touche. Tredoudon erhielt nach der Befreiung den »Ehrentitel« »erstes Widerstandsdorf Frankreichs«, weil alle Dorfbewohner in die Résistance integriert waren.

Die Befreiung Korsikas im Herbst 1943

Als Besonderheit ist die Situation auf der Insel Korsika zu benennen. Nach der Kapitulation im Juli 1940 wurde die Insel zuerst als Teil des unbesetzten Vichy-Frankreichs behandelt. Nachdem Mussolini schon Mitte der 1930er Jahre Anspruch auf Korsika erhoben hatte, waren nun auf der Insel italienische Sicherheitskräfte stationiert, die ein Okkupationsregime errichteten.

Natürlich gab es auch hier eine Widerstandsbewegung, wie die mit de Gaulle verbundene Gruppe R2 unter Fred Scamaroni, der 1941 versuchte, auf der Insel einen Zusammenschluss der Widerstandsgruppen zu erreichen. Nach ersten Erfolgen wurde Scamaroni jedoch von der italienischen Geheimpolizei OVRA verhaftet. Um unter der Folter nicht auszusagen, beging er am 19. März 1943 in der Haft in Ajaccio Selbstmord. Das vorhandene Netzwerk zerfiel wieder, aber nicht der Widerstand der unterschiedlichen Gruppen, die sich alle dem CNR zugehörig fühlten.

Im November 1942 marschierten mit der deutschen Besetzung von Vichy-Frankreich italienische Truppen auf Korsika ein. Mit dem Sturz Mussolinis und der militärischen Kapitulation Italiens gegenüber den Alliierten Anfang September 1943 veränderte sich die Lage. Anstelle der italienischen Armee übernahmen deutsche Wehrmachts- und SS-Einheiten die Besetzung. Sie konnten die Insel aber nicht mehr kontrollieren.

Auf Beschluss des CNR begann am 8. September 1943 der Aufstand zur Befreiung der Insel. Im Süden in Ajaccio, dem Sitz der korsischen Präfektur, begann der Kampf am 9. September, als zeitgleich Truppen der Alliierten und des »Freien Frankreichs« landeten. Am Vortag wurden die Büros der Vichy-Milice, des Parti Populaire Français und der von Kollaborateuren veröffentlichten Zeitungen gestürmt und geplündert. *Le Patriote*, die bisher illegal erschienene Zeitung der Nationalen Front, wurde nun öffentlich verbreitet. Eine neue Kommunalbehörde wurde eingesetzt und die Nationale Front schuf einen Präfektur-Rat, der erste Schritte zur Auflösung der Parteien und Bewegungen, die mit den Deutschen kollaboriert haben, und zur politischen Säuberung einleitete.

Im Norden, in Bastia, fanden erste Straßenkämpfe statt, auch zwischen Italienern und Deutschen. Kurzzeitig gelang es den deutschen Truppen, die Widerstandskämpfer, die bereits das Rathaus und die Unterpräfektur besetzt hatten, aus der Stadt zu vertreiben.

Bis Ende September versuchten die deutschen Besatzer zuerst die Insel zu halten, später nur noch ihren Abzug von Bastia aus zu sichern. Während die Truppen der Alliierten und des »Freien Frankreichs« auf der Südseite der Insel gelandet waren, stießen die Stoßtrupps der Résistance aus südlicher Richtung auf Bastia vor, während italienische Truppen, die ja nun gegen die Deutschen kämpften, gemeinsam mit den Widerständlern vom Westen vordrangen. Nachdem die entscheidenden Zugangswege zur Stadt in der Hand der Befreiungskräfte waren, war diese Ende September komplett eingekesselt. Ein Stoßtrupp übernahm die Kontrolle von Cap Corse, nicht ohne eine Auseinandersetzung mit den Deutschen. Am 4. Oktober war Bastia befreit, aber von den Kämpfen und amerikanischen Bombenangriffen völlig zerstört. (basierend auf http://chemins-dememoire.gouv.fr/de/befreiung-korsikas-9-september-bis-4-oktober-1943, abgerufen 30.6.2018)

Als sichtbares Zeichen der neuen Verhältnisse fand Ende Oktober 1943 sogar eine Währungsreform statt. Nur noch die Geldscheine der algerischen Exilregierung besaßen Gültigkeit und eine eigene Banknote des »Corse libre« (freies Korsika) wurde eingeführt. (Le journal de la résistance, No. 1288-1290, 2015, p. 15)

4.
Die Internationalität des Widerstandes – Deutsche in der Résistance

Vorbemerkung:
In der Résistance kämpften zahlreiche Mitstreiter aus allen Teilen Europas. Anfänglich waren es neben politischen Flüchtlingen und Arbeitsmigranten ehemalige Soldaten der spanischen Volksarmee und der Internationalen Brigaden, die nach der Niederlage der Republik nach Frankreich geflohen waren. Der französische Widerstand war im besten Sinne internationalistisch. Da sich dieses Buch vor allem an deutschsprachige Leserinnen und Leser wendet, soll im folgenden Kapitel ein besonderes Augenmerk auf den deutschen und österreichischen Widerstand in den Reihen der Résistance gelegt werden.

Wie eingangs dargestellt, wurden die Lebensbedingungen für die deutschen Emigranten nach dem 1. September 1939 äußerst kompliziert, da bei Kriegsbeginn die Internierung aller »Männer deutschen Ursprungs« erfolgte. Im Mai 1940 wurden auch deutsche Frauen verhaftet, so dass ein Großteil der registrierten deutschen Emigranten interniert war. Die nicht von der Internierung Betroffenen lebten meist illegal im Land, entweder unter falscher Identität oder ohne Registrierung. Es bestand die paradoxe Situation: Frankreich befand sich im Krieg gegen Hitlerdeutschland und internierte deutsche Hitlergegner in Lagern.

Um aus den Internierungslagern entlassen zu werden, meldeten sich nach der offiziellen Kriegserklärung Frankreichs gegenüber Hitlerdeutschland deutsche Antifaschisten als Freiwillige zur französischen Armee. Diejenigen, die mit tschechoslowakischen Fremdenpässen nach Frankreich gekommen waren, traten der neugebildeten tschechoslowakischen Einheit innerhalb der französischen Armee bei. Andere wurden direkt in die französische Armee aufgenommen. Manche erhielten auch das Angebot, wenn ihr Antrag als Freiwilliger in der französischen Armee nicht sowieso abgelehnt wurde, in den Fremdenlegionen in Afrika Dienst zu tun, was die meisten jedoch verweigerten.

Eine dritte Möglichkeit, aus den Lagern entlassen zu werden, war die Verpflichtung als »Prestataire«, als Dienstverpflichteter für kriegswichtige Betriebe. Peter Gingold und viele andere nahmen dieses Angebot an. Immer noch hoffte man, dass damit ein aktives Vorgehen der französischen Armee nach Kriegsbeginn unterstützt werden könnte. Doch der Verlauf des »Drôle de Guerre«, des »Komischen Kriegs«, zeigte, dass die französische Regierung nicht gewillt war, sich ernsthaft gegen die faschistische Gefahr zur Wehr zu setzen, sondern vielmehr ihr Augenmerk auf die Nazigegner im eigenen Land richtete.

Wiederaufbau politischer Strukturen

Mit der deutschen Offensive im Mai und der französischen Kapitulation im Juni 1940 veränderte sich die Lage der politischen Emigranten aus Deutschland. Viele versuchten vor den vordringenden deutschen Truppen zu fliehen und nach der Kapitulation über die Demarkationslinie in den unbesetzten Süden zu entkommen.

Während die maßgeblichen Repräsentanten des sozialdemokratischen Exils nach London gingen, trafen sich führende Vertreter der KPD, unter ihnen Alexander Abusch, Albert Norden und Otto Niebergall, in Toulouse im August / September 1940, um wieder eine politische Leitung ihrer Partei aufzubauen und Kontakte zu ihren über ganz Frankreich verstreuten Genossen herzustellen. Ihre Autorität stand außer Frage, da sie schon in den Jahren zuvor leitende Funktionen ausgeübt hatten.

Im Frühjahr 1941 entstand dann eine politische Leitung der KPD, die bis zum Sommer 1945 als »Westleitung« für die Regionen Frankreich, Belgien und Luxemburg zuständig war. (vgl. Pech, Résistance, S. 46). Ihre wichtigsten Aufgaben waren einerseits die Herstellung von Verbindungen zu den deutschen kommunistischen Zellen in ganz Frankreich und zweitens der Kontakt zum PCF, um mit dessen Hilfe die Versorgung der deutschen Antifaschisten mit Lebensmitteln, Geld und Ausweispapieren zu sichern. Immerhin waren mehr als 100 deutsche und österreichische Antifaschisten aus den französischen Internierungslagern geflüchtet und befanden sich somit illegal im Land.

Vom Mai 1940 bis zum Frühjahr 1945 bestand in Belgien eine kleine selbstständige österreichische Widerstandsgruppe, die Österreichische Freiheitsfront (ÖFF). Jene kommunistischen Österreicher und Deutschen, die sich der Verhaftungswelle des 10. Mai 1940 entziehen konnten, bildeten den ersten Kern der späteren Widerstandsgruppe. Diese verbreitete in Belgien geheim gedruckte antifaschistische Zeitschriften in deutscher Sprache. Diese Gruppe kooperierte mit der belgischen Résistance und war zeitweise die größte österreichische Widerstandsgruppe in Europa.

Wie die Anfänge der politischen Arbeit unter der Besatzung aussahen, berichtet Peter Gingold in seinen Erinnerungen: »Unsere kleine Gruppe hatte bereits mit dem begonnen, was man Widerstand nennen kann. Zunächst waren wir auf uns allein gestellt. In unserer Wohnung traf sich die Gruppe. Das war noch möglich. Wohl war die Besatzungsarmee in Paris und auch die Gestapo mit der Liste der bekannten politischen Emigranten, derer sie habhaft werden wollte. Jedoch waren wir für sie zu kleine Lichter und mussten nicht damit rechnen, heimgesucht zu werden. ›Was wäre eigentlich jetzt unsere Aufgabe?‹, fragten wir uns. Sicherlich das, was auch vor dem Krieg unsere Aufgabe war, die Aufklärung der deutschen Bevölkerung. Wie schon erwähnt, stand uns zeitweilig ein Sender zur Verfügung. Manche Flugblätter und auf dünnem Papier gedruckte Tarnschriften waren auf verschiedenen Wegen nach Deutschland gelangt. Nun hatten wir die Deutschen bei uns. Was lag näher, als sie mit unseren Möglichkeiten, also mit Streuzetteln und Flugblättern, aufzuklären?

Aber unsere kleine Gruppe besaß nicht einmal eine Schreibmaschine, geschweige denn einen Abziehapparat. In einem Spielwarengeschäft besorgten wir uns einen Kinderdruckkasten, Zigarettenpapier konnten wir noch zuhauf erhalten, auch kleine Klebezettel, die auf Schulhefte geklebt werden. Wir stempelten kurze Losungen darauf wie »Schluss mit dem Krieg«, »Nieder mit Hitler«. Wir wussten, wo Deutsche kaserniert waren und wo die leeren Militär-LKWs standen.

Gegen Abend, bei Dämmerung haben wir die Streuzettel über die Kasernenmauer geworfen, da und dort Zettel angeklebt und auch in leerstehende Militär-LKWs geworfen.« (Gingold, Paris, S. 68f)

Zu den praktischen Formen des Widerstandes gehörte es auch, illegale Papiere und Dokumente zu beschaffen. Dazu Peter Gingold weiter: »Wir beschafften uns mit dem offiziellen Hakenkreuzstempel versehene Blanko-Formulare, die bestätigten, dass der Inhaber eines solchen Formulars bei diesem deutschen Baubetrieb beschäftigt war. Eine dieser Bescheinigungen hat mir mein Leben gerettet.« Bei einer Kontrolle im Jahr 1942 wies er die »Bescheinigung« der Leitung des deutschen Militärflughafens in Pontoise vor, in dessen Auftrag er zwecks Aufkaufs von Holz in bestimmte bewaldete Gebiete Frankreichs geschickt worden sei. »Ich bin überzeugt, dass diese offiziellen deutschen Arbeitsbescheinigungen, auch die entsprechenden Stempel mit dem Hoheitszeichen, die wir entwenden konnten, manch anderem Résistance-Kämpfer Sicherheit gegeben haben.« (Gingold, Paris, S. 70f)

Die Isoliertheit der einzelnen Widerstandszellen, fehlender politischer Austausch und die militärische Lage beeinflussten jedoch die Arbeit der deutschen Antifaschisten. Auf einer illegalen Tagung der KPD im November 1942 wurde dies sichtbar. So warfen einige Mitglieder dem PCF aus ihrem Unverständnis für den Partisanenkampf heraus vor, individuellen Terror anzuwenden; andere werteten das Ausbleiben der Zweiten Front in Europa als politische Niederlage der Sowjetunion. Auch gab es Unstimmigkeiten darüber, ob der Kampf um einen antifaschistischen deutschen Staat den Kampf um den Kommunismus hemmen würde. Nach mühevollen Debatten einigte man sich auf die Zielsetzung: »Sammlung aller Hitlergegner und Kriegsmüden und -überdrüssigen unter einer gemeinsamen Losung: Sturz Hitlers und seiner Kumpanei sowie Beseitigung ihrer Hintermänner, der deutschen Plutokraten. … Alle … auftauchenden Hemmungen müssen schwinden hinter dem einheitlichen Gedanken der Schaffung einer wahren, kämpfenden nationalen Friedensfront zur Rettung des deutschen Volkes vor der unmittelbar drohenden Katastrophe.« (Pech, Resistance, S. 329)

»Travail Allemand«

Eines der wirkungsvollsten Instrumente des deutschen Widerstandes in Frankreich war die Arbeit des »Travail Allemand« (TA, deutsch: Deutsche Arbeit). Darin waren alle deutschsprachigen Flüchtlinge und Emigranten eingebunden, die mit der oben genannten MOI verbunden waren. Geleitet wurde dieser TA von einem österreichischen Kommunisten, einem tschechoslowakischen und Otto Niebergall für die KPD.

Die Bandbreite dieses Widerstandes war vielfältig. Es begann mit Propaganda und Aufklärung unter deutschen Soldaten, um sie aus ihren »Endsieg-Träumen« zu holen, und reichte bis zur praktischen Sabotagearbeit und der Beteiligung am bewaffneten Kampf der Résistance. Eine Aufgabe, die insbesondere die deutschen Antifaschisten übernehmen konnten, bestand darin, in Kontakt zu Angehörigen der deutschen Wehrmacht und deutscher Dienststellen zu kommen. Ziel war es dabei, die Stimmungslage in der Wehrmacht und unter den deutschen Zivilangestellten zu erkunden, Kriegsgegner und Kritiker auf die Seite des Widerstandes zu ziehen und Zugang zu Informationen und Materialien zu erhalten, die für die Résistance und die alliierten Streitkräfte nützlich sein konnten.

Diese Aufgaben konnten effektiv nur von deutschsprachigen Antifaschisten übernommen werden, da sie mit Sprache und Mentalität der Besatzungskräfte vertraut waren.

Peter Gingold betont dabei insbesondere die Tätigkeit junger Frauen gegenüber deutschen Soldaten. Während antifaschistische Französinnen den Kontakt zu den »Boches« als Kollaboration ablehnten, konnten deutsche Frauen, die sich als Französinnen, oft als Elsässerinnen, ausgaben, leichteren Zugang finden. Wenn in Gesprächen der Eindruck entstand, dass den angesprochenen Soldaten vertraut werden könnte, wurden ihnen ein Flugblatt oder andere Materialien gegeben, die »zufällig« auf der Straße gefunden worden seien. Wenn der Angesprochene weiter positiv reagierte, wurde ein Kontakt zum TA hergestellt. Welches enorme persönliche Risiko diese Frauen auf sich nahmen, lässt sich am Beispiel von Irene Wosikowski ermessen. Sie verbreitete unter deutschen Soldaten die antifaschistische Zeitung *Soldat am Mittelmeer* und weitere Flugblätter wie »Hitlers neue Niederlage«. Dabei geriet sie an einen Spitzel, wurde im Juli 1943 verhaftet und in das Deutsche Reich verschleppt, wo ihr vor dem Volksgerichtshof der Prozess gemacht wurde. Am 27. Oktober 1944 wurde sie in Plötzensee hingerichtet. (Biographie in Schaul: Resistance, S. 207ff)

Für die Arbeit mit den Wehrmachtsangehörigen wurde ab September 1941 mit Unterstützung des PCF die Zeitung *Soldat im Westen – Zeitung der Armee* herausgegeben. Sie erschien bis Herbst 1943 in dreißig Ausgaben und wurde durch *Volk und Vaterland* (Organ der Bewegung »Freies Deutschland« für den Westen) abgelöst. In ihrer vierseitigen ersten Ausgabe war auch ein namentlich gezeichneter Appell von fünf ehemaligen deutschen Offizieren enthalten, die für die sofortige Beendigung des

Krieges und der Okkupation eintraten. Sehr deutlich formulierte die Zeitung, dass jeder Soldat mitverantwortlich sei für Verbrechen, an denen seine Einheit beteiligt war: »Wir warnen alle deutschen und österreichischen Soldaten, sich an Terrorakten gegen die französische Zivilbevölkerung zu beteiligen. Wer bei Razzien, Strassenunruhen, Streiks u. dgl. eingesetzt wird, hat die Pflicht, mit allen Kräften zu sabotieren und dem französischen Volk zu beweisen, dass die deutschen Werktätigen nicht seine Feinde sind und mit dem Hitlerterror nichts gemein haben. Denkt daran und lasst euch nicht als Henker fremder Völker missbrauchen.« (zit. nach: Pikarski, Reprint, Bl. 150)

So begrenzt die Wirkung solcher Aufrufe auch war, waren die Kontakte in die Wehrmacht und die Versuche, deutsche Soldaten zu überzeugen, ein wichtiger Aspekt der Tätigkeit des TA.

Wichtig war daneben vor allem die Verbindung zum französischen Widerstand, der die Druckereien zur Vervielfältigung der illegalen Schriften zur Verfügung stellte. Da aber französische Setzer und Drucker wenig oder gar kein Deutsch konnten, waren die Texte nicht immer fehlerfrei. Auch die Verteilung der Flugblätter unterstützten französische Antifaschisten. Mit ihrer Hilfe flatterten die Zettel über die Kasernenmauern oder wurden in der Nähe von Kasinos gestreut.

Die Möglichkeiten der illegalen Druckereien nutzten die deutschen Antifaschisten auch für die politische Aufklärungsarbeit im Deutschen Reich. So druckte man beispielsweise in der zweiten Jahreshälfte 1943 in Lyon und Toulouse mehrere Ausgaben der Zeitung *Deutsches Volksecho* als Organ der KPD Bezirk Hessen-Frankfurt, Baden. Verfasst wurde es von Ernst Melis, der in Frankreich im TA mitkämpfte. Mit Hinweis auf die veränderte Kriegslage nach Stalingrad und dem Scheitern der deutschen Sommeroffensive in der Panzerschlacht von Kursk (Sowjetunion) forderte die Zeitung, die in einer Auflage von 400 bis 600 Exemplaren gedruckt wurde: »Deutsche, schließt euch überall für den Sturz Hitlers zusammen. Arbeiter in den Rüstungsbetrieben bereitet Streiks vor und streikt in Massen. Eisenbahner und Transportarbeiter stört die Kriegstransporte, lähmt das Verkehrsnetz. Bergarbeiter fördert noch weniger und stellt die Förderung ganz ein. Bauern sabotiert die Ablieferung. Hört ganz auf zu liefern. Soldaten und Offiziere, ihr habt die Waffen. Wendet sie an im Kampf gegen Hitler. Deutsche Jugend, Studenten setzt euch ein für die Rettung des Vaterlandes. Deutsche Männer und Frauen, Schaffende, ihr seid die überwältigende Mehrheit, macht sie zur Stosskraft, um Hitler zu stürzen.« (zit. nach: Pikarski, Reprint, Bl. 184/2)

Auf der einen Seite zeigten solche Materialien, dass die deutschen Antifaschisten an der Seite der Résistance auch für die Befreiung des eigenen Landes kämpften. Zum anderen wurde in diesem Text aber auch sichtbar, wie wenig die Antifaschisten im Exil die Wirkung der faschistischen Propaganda im Deutschen Reich nachvollziehen konnten.

Verbreitet wurden diese Flugblätter über Postversand an unauffällige Kontaktadressen, über Kuriere, die die Exemplare in das Deutsche Reich schmuggelten, und über Fronturlauber, die bereit waren, antifaschistisches Material mit in die Heimat zu nehmen. Auf solchen Wegen gelangten 1943/44 weitere antifaschistische Materialien z. B. nach Leipzig zur illegalen Widerstandsgruppe um Georg Schumann.

In vergleichbarer Weise arbeitete auch die Österreichische Freiheitsfront mit Schwerpunkt in Belgien. In Absprache mit der belgischen Résistance verbreitete man deutschsprachige Propagandaschriften gegen Hitlerdeutschland unter Besatzungssoldaten. »Streugruppen« verteilten die Flugblätter an Orten wie Bahnhöfen und Kinos, die von deutschen Soldaten frequentiert wurden, und steckten diese auch an geparkte deutsche Armeefahrzeuge oder ließen sie in der Nähe von Kasernen auf Bänken liegen. Dabei kam jungen Frauen auch hier eine zentrale Aufgabe zu. »Mädelgruppen« versuchten, auf unauffällige Art deutsche Soldaten anzusprechen. Wenn sich dabei im Gespräch eine etwas kritische Einstellung zum Krieg heraushören ließ, arrangierten sie Rendezvous mit diesen Soldaten, um ihnen antifaschistisches Informationsmaterial zu übergeben. Die Betreffenden konnten dann die Broschüren innerhalb der Kasernen platzieren oder an gleichgesinnte Kameraden weitergeben. Diese »Mädelarbeit« war der gefährlichste Teil der Widerstandsarbeit, denn es konnte jederzeit passieren, dass der Soldat nur zum Schein auf ein solches Gespräch einging und zum vereinbarten Treff dann die Gestapo kam. Tatsächlich wurden acht Frauen der Gruppe verhaftet und ins KZ deportiert. Marianne Brandt, die Lebensgefährtin von Jean Améry, wurde bei einer dieser Aktionen erschlagen.

Zentrum dieser Widerstandsaktivitäten war Brüssel, jedoch wurde auch ein regelrechtes Verteilernetz in der belgischen Provinz aufgebaut. Die Publikation der Widerstandsgruppe hieß zuerst *Die Wahrheit* und wurde wöchentlich in bis zu 12.000 Stück gedruckt, wovon 9.000 in der belgischen Provinz verteilt wurden. Nach der Moskauer Deklaration, in der die Alliierten Ende 1943 das Ziel der Wiederherstellung eines freien, souveränen Österreichs ausgegeben hatten, wurde der Broschüre ein Beiblatt mit der Bezeichnung »Österreichische Freiheitsfront« hinzugefügt. Ab Ende 1943 erschien zusätzlich eine weitere Zeitung mit dem Namen *Freies Österreich*. Als Informationsquellen dienten hierfür vor allem britische und freie polnische Radiostationen, die im Geheimen empfangen werden konnten.

Das »Komitee ›Freies Deutschland‹ für den Westen«

Ausgehend von der Konstituierung des »Nationalkomitees Freies Deutschland« (NKFD), von KPD-Funktionären und deutschen Kriegsgefangenen im Juli 1943 in der Sowjetunion vorgenommen, bildete sich im Herbst 1943 in Frankreich das »Komitee ›Freies Deutschland‹ für den Westen« (CALPO – Comité Allemagne libre pour l'ouest). Unter seinem Präsidenten Otto Niebergall (KPD) setzte es sich aus Vertretern unterschiedlicher politischer und weltanschaulicher Orientierung zusammen. Seinem Präsidium gehörten auch Mitglieder der SPD, der nationalliberalen ehemaligen DVP, der katholischen Zentrumspartei und sogar der deutschnationalen DNVP an. Mit der Bewegung »Freies Deutschland« entstand eine selbstständige deutsche Widerstandsorganisation in Frankreich, die eng mit den verschiedenen Verbänden und Organisationen der Résistance zusammenarbeitete.

Die politische Zielsetzung dieser Arbeit wurde in der Gründungserklärung des »Nationalkomitees Freies Deutschland für die Wehrmacht und alle Deutschen in Frankreich« – so der erste Name – ausgeführt: »Hitler bringt Deutschlands Volk in immer größere Not! Deutschlands Rettung aber ist heute aller Patrioten Gebot! Eine militärische Niederzwingung Hitlers von außen würde zu Deutschlands tiefster Erniedrigung führen. Besinnen wir uns in dieser nationalen Notstunde. Noch liegt Deutschlands Schicksal in unserer Hand. Warten wir nicht, bis die Ostfront zusammenbricht. Warten wir nicht auf die zweite Front. Warten wir nicht, bis Deutschland zum Kriegsschauplatz geworden ist. Ducken wir uns nicht länger, entgegen unserer besseren Erkenntnis in feigem und falsch verstandenem Gehorsam den verderblichen Hitlerbefehlen. Unsere Treue gilt Deutschland, aber nicht dem bankrotten Hitlerregime. Gehen wir mannhaft zu entschlossenem Handeln über.

Hitler muß weg, damit Deutschland lebe!

Nur durch den Sturz Hitlers erringen wir uns die innere Freiheit zurück. Nur dadurch wird Deutschland auch wieder nach außen frei. Nur so verhindern wir ein noch schlimmeres 1918!«

Der TA übernahm es – gemeinsam mit den französischen Widerstandskämpfern – den politischen Aufruf des NKFD auch in Frankreich zu verbreiten. Nicht nur in der Zeitschrift *Soldat am Mittelmeer*, sondern auch als selbstständiges Flugblatt wurde der Text in knapp einer halben Million Exemplaren gedruckt. »Die Druckschriften wurden in Soldatenkinos, in Cafés, in Metrostationen ausgelegt oder ausgestreut. Radfahrer warfen sie auf Straßen oder Plätze oder über die Mauern der Kasernen. Auch in den Kasernen selber verbreiteten dort arbeitende Zivilarbeiter oder antifaschistische Soldaten das illegale Material.« (Pech, Resistance, S. 66f)

Ihre Flugblätter forderten dazu auf, Gruppen antinazistischer Soldaten, Unteroffiziere und Offiziere zu bilden, Kontakt mit der Résistance aufzunehmen, zu desertieren und sich dem französischen Widerstand anzuschließen. Ende 1943 erschien eine »Handreichung«: »Was ist eine Wehrmachtsgruppe ›Freies Deutschland‹?«. Darin beschrieb der Verfasser Ernst Melis eine solche Gruppe als »Gemeinschaft von aufrechten Deutschen, die eingesehen haben, dass Hitlers Krieg verloren ist. … Ein verschworenes Bündnis zwischen unbeirrten Freiheitskämpfern, die zur Rückeroberung der Souveränität unseres Volkes und zur Errichtung eines freien, unabhängigen, demokratischen Deutschland den Sturz Hitlers organisiert vorbereitet und durchführt.« Als aktivste Form des Handelns für die Soldaten wurden die Einstellung der Kämpfe, das Überlaufen auf die Seite der französischen Partisanen und – als Zukunftsvision – die bewaffnete Rückkehr ins Deutsche Reich zum Sturz Hitlers propagiert. (zit. nach: Pikarski, Reprint, Bl. 196) Realistisch waren davon tatsächlich nur das Desertieren und eventuell das Überlaufen auf die Seite der Partisanen.

Nach verschiedenen Studien gab es Verbindungen zu ca. einhundert Wehrmachtsgruppen und Einzelverbindungen zu Soldaten seitens des CALPO, der so etwa 600 bis 800 Soldaten und Offiziere erreichte.

Der wichtigste Beitrag des CALPO für die Beendigung des Krieges blieb die politische Aufklärungsarbeit unter den deutschen Militärangehörigen. Welchen Umfang diese Tätigkeit hatte, belegen Unterlagen des Oberkommandos der Wehrmacht (OKW) und weitere Berichte. Danach hatten deutsche Hitlergegner in Frankreich mit Hilfe von Widerstandskämpfern anderer Nationalitäten bis Herbst 1944 über fünf Millionen Flugblätter, die sich vor allem an Angehörige der Wehrmacht richteten, verbreitet. Ein Flugzeug der französischen Armee hatte in Vorbereitung der alliierten Invasion außerdem über 100.000 Flugblätter des CALPO. an der Atlantikfront über den deutschen Stellungen abgeworfen, in denen noch einmal die Frontlage – insbesondere an der Ostfront und in Italien – dargestellt wurde, um deutlich zu machen, dass die Hoffnung auf einen »Endsieg« nur noch eine Illusion war.

Ab Mitte 1944 kam als Ergänzung die Aufklärungsarbeit über den Rundfunk hinzu. In den befreiten Gegenden Frankreichs entstanden Sendeeinrichtungen, die sich auch an die deutschen Truppen richteten. »Die deutschsprachigen Sendungen im französischen Rundfunk waren nur für kurze Zeit erlaubt, und die Sendezeit betrug nur wenige Minuten am Tag. Trotzdem hatten sie große Bedeutung, denn die Stimme der Bewegung ›Freies Deutschland für den Westen‹ war so in ganz Frankreich und weit nach Deutschland hinein zu hören.« (Pech, S. 112)

Diese politische Arbeit unter den deutschen Besatzungstruppen hatte nur begrenzten Erfolg. Die faschistische Propaganda in der Armee war wirksam. Außerdem legten viele Soldaten im Westen besonderes Wohlverhalten an den Tag, um nicht zur Strafe an die Ostfront verlegt zu werden. Auch die Beteiligung von Soldaten an Strafaktionen gegen die französische Zivilbevölkerung schmiedete eine »Tätergemeinschaft«, aus der man sich nur mit viel Mut ausgliedern konnte. Und nicht zuletzt hielt die Drohung mit Verfolgung durch die Feldgendarmerie, die jegliches abweichendes Verhalten massiv sanktionierte, die Disziplin aufrecht. Unerlaubtes Entfernen von der Truppe, defätistische Äußerungen und andere Verstöße wurden mit drakonischen Strafen wegen »Wehrkraftzersetzung« geahndet. Zur Abschreckung wurden solche Strafen – bis hin zur Erschießung von Deserteuren – per Tagesbefehl auch innerhalb der Truppen bekannt gemacht.

5.
Zwischen Besatzungsterror und Befreiung des Landes – das Jahr 1944

Die Zunahme der bewaffneten Kämpfe im Jahr 1944

Das Jahr 1944 wurde für den französischen Widerstand eine große Herausforderung und das Jahr des Triumphes. In der Stimmungslage der Bevölkerung waren deutliche Veränderungen feststellbar. In einem – recht optimistisch formulierten – Beitrag in der illegalen Zeitung *Défense de la France* vom April 1944 heißt es: »Die Menschen, die zu Beginn dieses Krieges nicht wußten, warum sie kämpften, haben im Verlauf des Kampfes begriffen, daß es sich nicht nur darum handelt, Hitler zu schlagen und zwischen den Nationen ein Gesetz walten zu lassen, das nicht das Gesetz des Dschungels ist; sie haben begriffen, daß das anzustrebende Ziel die Herstellung menschlicher Beziehungen ist, die frei sind von der Macht des Geldes, erlöst aus Not und Elend und aufgeschlossen für das Ideal der Solidarität und Gerechtigkeit. Sie haben verstanden, daß dieser Krieg eine Entscheidung war und daß er eine soziale Revolution zur Folge haben würde, wie die Kriege der Französischen Revolution und des Napoleonischen Kaiserreichs überallhin die Keime einer politischen Revolution verbreiteten.« (zit. nach: FIR, Hefte des Widerstands, Bl. 822)

Hier zeigt sich, dass für große Teile der Résistance der Kampf nicht allein um die nationale Befreiung ging, sondern verbunden war mit der Vision einer anderen, einer besseren Gesellschaft und man sich damit auf Zustimmung in breiten Teilen der Bevölkerung stützen konnte. Dabei war es weniger entscheidend, aus welcher parteipolitischen Orientierung der Blick auf die Zukunft gerichtet war. Unter den linken Kräften bestand ein breiter Konsens, dass in der sozialen Frage tiefgreifende gesellschaftliche Veränderungen folgen müssten. Die bürgerlichen Kräfte um de Gaulle äußerten sich in dieser Phase dazu nicht. Da man aber auf die Unterstützung der linken Kräfte in der Résistance angewiesen war, entwickelte sich in dieser Frage ein stilles Agreement.

Mit der Zusammenführung der verschiedenen Gruppen der Widerstandsbewegung und der Unterstellung fast aller Einheiten unter das gemeinsame Kommando der FFI waren die Voraussetzungen gegeben, die deutschen Besatzungskräfte und die Kollaborateure effektiv unter Druck zu setzen. In Bilanzen des Zweiten Weltkrieges wird immer wieder davon gesprochen, dass durch die Résistance mindestens 15 deutsche Divisionen in Frankreich gebunden wurden, die Hitlerdeutschland dringend an der Ostfront gegen die vorrückende Rote Armee oder später gegen die westalliierten Landungstruppen benötigt hätte.

Die Effektivität der militärischen Einsätze lässt sich auch an Zahlen der Wehrmacht ablesen. Wurden Anfang 1943 im Schnitt täglich zehn Aktionen von Partisanen im Gebiet des Oberbefehlshabers West des OKW registriert, so waren es Anfang 1944 bereits mehr als dreißig. In den ersten drei Monaten des Jahres 1944 gab es knapp 1.500 Anschläge gegen Eisenbahneinrichtungen, von denen etwa 300 zum Entgleisen von Transport- und Versorgungszügen führten. Außerdem wurden 500 Sprengungen an Infrastruktur, Kommunikationswegen und Versorgungseinrichtungen registriert. Ähnliches galt auch für den Nordteil und für Belgien, wo es nach einer unvollständigen Bilanz bis August 1944 gelang, 641 Lokomotiven mit mehr als 10.000 Waggons zu beschädigen, 309 Schleppkähne, 36 Schleusen, 11 Elektrostationen und Telefonzentralen zu zerstören. (vgl. Kühnrich, Partisanenkrieg, S. 423ff)

Ein Bericht der Militärverwaltung aus dem Frühjahr 1944 stellt fest: »Es waren im Heeresgebiet Südfrankreich laufend 200-300 Schadstellen an Eisenbahnanlagen vorhanden, die nicht ausgebessert werden konnten. Das Zusammenspiel zwischen der feindlichen Luftwaffe und den Sabotagetrupps der Widerstandsbewegung war vorbildlich. Alle diejenigen Objekte, die die feindliche Luftwaffe nicht erreichen konnte, wurden von der Widerstandsbewegung zerstört.« (zit. nach: Zentner, Widerstand, S. 290f)

Ein wichtiger Aspekt der Sabotagearbeit war die Schädigung der Rüstungsproduktion und der Infrastruktur der Besatzungsmacht. Zwei Beispiele: Aus der Fabrik für Flugmotoren »Bronsavia« in Lyon berichtete der deutsche Beauftragte im Februar 1944: »In der Nacht zum 28.1.1944 drangen mit MPI bewaffnete Terroristen in die Fabrik ein und legten unter die einzelnen Maschinen viele hundert Bomben, die von 21 bis 2 Uhr in Abständen explodierten. Der Betrieb fällt auf lange Zeit für die deutsche Fertigung aus.« Und der Oberbefehlshaber West verzeichnet im Kriegstagebuch am 20. März 1944: »Anhaltende planmäßige Sabotage mit schweren Folgen, Energieversorgung in Südfrankreich infolge Leitungssprengung im Wesentlichen nur durch Dampfkraftwerke für wichtigen militärischen Bedarf. Gesamte Industrie vorläufig stillgelegt.« (zit. nach: Zentner, Widerstand, S. 291) An solchen Schilderungen wird deutlich, dass das Vorgehen der bewaffneten Einheiten der Maquis und Partisanengruppen bereits strategische Bedeutung für die Schwächung der Kriegsfähigkeit der faschistischen Kräfte gewonnen hatte.

Auch die Zwangsrekrutierung (STO) wurde zu einem zunehmenden Problem für die Besatzungsmacht. Immer mehr junge Franzosen entzogen sich durch Flucht und Untertauchen dem Arbeitseinsatz in Deutschland. Die Organisation Todt musste im Februar 1944 eingestehen: »Zwangsmaßnahmen gegen die Bevölkerung (Geldbußen, Verkehrs- und Lebensmittelbeschränkungen, Geiselgestellung, Deportation, Erschießungen) sind nach dem übereinstimmenden Urteil aller beteiligten Stellen, einschließlich der Sipo (Sicherheitspolizei) und des SD, nutzlos und schädlich … Die einzig wirksame Gegenmaßnahme liegt in der aktiven Bekämpfung der Sabotagegruppen, in ihrer Erkundung und Aushebung.« (Zentner, Widerstand, S. 294)

In diesem Rahmen erhielt die Kollaborationsregierung im Spätherbst 1943 den Auftrag, dem »Bandenunwesen« in der Region Hoch-Savoyen ein Ende zu bereiten. Tatsächlich existierte um das Plateau von Glières eine aktive Maquis-Struktur. Anfangs war dieses Plateau in einer schwer zugänglichen Region regelmäßiger Zielort für alliierte Hilfslieferungen. Zusammen mit der Order an die Vichy-Regierung begannen Wehrmachtsverbände »Durchkämmungsaktionen« in den Dörfern der Region.

Das Vichy-Regime zog etwa 3.000 Ordnungskräfte (Milice, Gendarmen, Spezialpolizei) in der Gegend zusammen und verhängte am 31. Januar 1944 das Kriegsrecht über das gesamte Département. Daraufhin sammelten sich in den folgenden Wochen knapp 500 Maquisards der »armée secrète«, die aus der Verbindung von Combat, Libération Sud und Franc Tireur entstanden war und insbesondere in der Region Rhônes-Alpes kämpfte, auf dem Plateau. Die französische Milice führte Razzien in den Taldörfern durch, verhaftete zahlreiche Verdächtige und ließ acht Menschen hinrichten. Da die Besetzung des Plateaus nicht gelang, bombardierte die deutsche Luftwaffe die Stellungen. 12.000 Soldaten und 3.000 französische Milizionäre kämpften gegen knapp 500 Maquisards. Als die Wehrmacht am Tag darauf erneut angriff, war das Plateau leer. Die Maquisards hatten sich angesichts der gegnerischen Übermacht zerstreut und das Plateau verlassen. Viele wurden aber in den Folgetagen von der französischen Milice verhaftet. Insgesamt starben 129 Maquisards. Wer nicht im Kampf mit der Milice und der Wehrmacht getötet worden war, fiel den folgenden Unterdrückungsmaßnahmen zum Opfer, wurde erschossen, zu

Tode gefoltert oder später im KZ umgebracht. Die Schlacht von Glières wurde trotz der Niederlege des Maquis dank der Berichte von Maurice Schumann in Radio London zum Symbol des französischen Widerstandes.

Die Eröffnung der »Zweiten Front«

Je näher der Zeitpunkt der Eröffnung einer »Zweiten Front« kam, desto intensiver wurde die Zusammenarbeit der verschiedenen Gruppen der Résistance. Die Zeit des »Attentismus« der gaullistischen Kräfte ging zu Ende. Im Mai 1944 entstand das COMAC (Comité d'organisation militaire et d'action combattante). Die Zielsetzungen waren: »1. Die Aktion der F.F.I. und aller jener zu koordinieren, die sie unterstützen; 2. Die Aktionen der Kampfeinheiten der Widerstandsbewegung entsprechend den konkreten Möglichkeiten jeder Region zu leiten, in Anbetracht der Ortsverhältnisse, der strategischen Lage und des Kampfgeistes der Massen in jeder Region.« (zit. nach: FIR, Hefte des Widerstands, Bl. 596)

Zwar lautete der Tagesbefehl des Komitees am 1. Juni 1944: »Die Widerstandsbewegung muss kämpfen«, das war aber leichter gesagt als getan. Denn von den etwa 400.000 Kämpfern der verschiedenen Maquis und Partisanengruppen waren nur etwa 200.000 bewaffnet. Schweres Kriegsgerät, mit dem beispielsweise Panzerverbände der SS und der Wehrmacht bekämpft werden konnten, war überhaupt nicht vorhanden.

Damit fiel der Résistance im Rahmen der alliierten Landung in der Normandie im Juni 1944 vor allem in den nördlichen Landesteilen die Rolle zu, den Zug- und Schiffsverkehr der Wehrmacht, ihre Nachschubkonvois und Nachrichtenverbindungen zu stören. In Erwartung einer zweiten Invasionswelle vom Mittelmeer her begannen im Juni 1944 in Südfrankreich ebenfalls umfangreiche Kampfaktionen, bei denen es gelang, die Besatzungseinheiten zu überraschen und ganze Dörfer und kleinere Städte zu befreien.

Die militärische Effektivität dieser Kampfhandlungen wurde selbst von den US-amerikanischen Generälen Eisenhower und Marshall anerkannt, die in den Aktionen der FFI eine wichtige Bedingung für den Erfolg der Invasion am 6. Juni 1944 sahen.

Die deutschen Wehrmachtsberichte vom Juni 1944 konstatierten, dass der »Bandenkampf«, wie es in der faschistischen Diktion hieß, sich ausweitete und eine fortschreitende Mobilmachung der Widerstandsgruppen und eine wachsende Bedrohung vereinzelter Stäbe, Kommandos und Wachen in Zentralfrankreich festzustellen sei.

Aber nicht nur die militärische Aktivität der Résistance bekam durch die Landung der Alliierten einen Impuls. Auch der zivile Widerstand gegen die Okkupation und die Kollaboration verstärkte sich, ohne dass die Besatzungsmacht effektiv dagegen einschreiten konnte. Im Mai/Juni 1944 fanden öffentliche Demonstrationen statt. In einem zeitgenössischen Bericht heißt es: »An der Spitze sind die Frauen, die auf den Märkten und vor den Bürgermeisterämtern Forderungsaufmärsche organisieren. In den Betrieben vervielfältigen sich die Arbeitsunterbrechungen, und hie und da kommt es bereits zu Streiks.

Am 1. Juli hat die Volksdemonstration des Faubourg St. Denis (in Paris, d. Verf.), deren Takt durch eine mächtige und begeisterte Marseillaise geschlagen wird, ihr Gegenstück in der Rue Mélinmontant, wo Rufe wie »Brot! Zu essen! Nieder mit den Hungerpolitikern!« ertönen, genauso wie in der Rue Nationale; überall schließen sich einfach Neugierige den Demonstranten an.

Die Feier des 14. Juli erhält in diesem Jahr der Befreiung einen besonderen symbolischen Wert; zum erstenmal erlebt man es in Paris, daß tausende Demonstranten bei ihrem Aufmarsch durch bewaffnete F.F.I. beschützt werden.

In fünf Bezirken von Paris demonstrieren insgesamt 45.000 Menschen, davon 20.000 in Belleville, wo die Polizisten in Uniform die Kundgebung mit Sympathie betrachten.« (FIR, Hefte des Widerstands, Bl. 597)

Der Terror der Besatzungsmacht

Diesen erkennbaren Aufschwung der Widerstandsbewegung in allen Teilen Frankreichs beantworteten der SD, die SS und die Wehrmacht mit einer Form des Vernichtungskriegs, wie sie bis dahin nur von der Ostfront und aus der Balkanregion bekannt war. Zwar fanden schon mehrfach basierend auf dem »Sühnebefehl« des OKW von 1941 Hinrichtungen von Zivilisten als Geiseln statt, aber nun wurde dieser Terror noch verschärft. Vier Beispiele vom Juni bis August 1944 belegen diese Grausamkeiten.

Der erste Ort war die zentralfranzösische Stadt Tulle im Département Corrèze. Nachdem die Nachrichten von der Landung der Alliierten publik wurden, hatte eine starke bewaffnete Einheit der Résistance die Stadt angegriffen. In harten Gefechten mit den deutschen Truppen war es ihr gelungen, Tulle zu befreien und zudem Teile eines deutschen Sicherungsregiments in der Munitionsfabrik der Stadt einzuschließen. Als die 2. SS-Panzerdivision »Das Reich« unter dem Kommando von SS-Gruppenführer Heinz Lammerding am 8. Juni 1944 die Stadt angriff, mussten sich die Widerstandskämpfer zurückziehen. Mit der Behauptung, kommunistische Kämpfer hätten deutsche Soldaten »bestialisch ermordet«, forderte Lammerding, die der »deutschen Fahne angetane Beleidigung« zu sühnen. SS-Leute machten daraufhin Jagd auf männliche Einwohner der Stadt, vorwiegend auf solche im wehrfähigen Alter. In der Munitionsfabrik wurden die Gefangenen eingekerkert. Ein SS-Richter erklärte die bevorstehende Exekution wegen »Bandenbekämpfung« »für rechtens«, und am Nachmittag des 9. Juni 1944 begannen die Hinrichtungen. Die Einwohner der Stadt wurden gezwungen, auf den Straßen dieser Mordaktion als Zuschauer beizuwohnen.

Sie mussten zusehen, wie die Henker Stricke zu Schlingen knüpften und sie an Laternenpfählen, Balkongittern, Bäumen und Telefonmasten befestigten. Jeweils 10 Gefangene wurden aus der Munitionsfabrik geholt und öffentlich gehängt.

99 Franzosen starben an jenem Nachmittag an den Galgen der 2. SS-Panzerdivision »Das Reich«. Der jüngste war der siebzehnjährige Lehrling Viellefond, der älteste der 45-jährige Fahrradhändler Maury. Die Mörder ließen sich nach den Hinrichtungen mit den erhängten Opfern fotografieren, zur Erinnerung. Zudem wurden mehr als 100 Bürger der Stadt in das KZ Dachau verschleppt.

Am darauffolgenden Tag war eine andere Einheit derselben SS-Division an einer weiteren Mordaktion beteiligt, dem Massaker von Oradour-sur-Glane. Am 10. Juni 1944 wurde – fast zeitgleich mit einem Massenverbrechen der Wehrmacht in Distomo (Griechenland) – dieser Ort vernichtet. Als Vorwand diente auch hier eine Aktion der bewaffneten Kräfte des Widerstandes. Diese hatten in der Nähe des Ortes in einer Kommandoaktion den SS-Bataillonskommandeur Helmut Kämpfe gefangen genommen. Doch statt einen Austausch zu organisieren, wurde Oradour-sur-Glane selber bestraft.

Die Bestialität, mit der die SS das Massaker durchführte, war bis dahin in Frankreich unbekannt. Mehr als 400 Frauen und Kinder wurden in der kleinen Kirche des Dorfes eingepfercht. Nach etwa eineinhalb Stunden legten die SS-Leute an der steinernen Kirche Feuer. Der hölzerne Dachstuhl des Kirchturms ging in Flammen auf und schlug schließlich durch das Dach des Kirchenschiffes auf die eingeschlossene Menge. Zuvor schon wurden die Eingeschlossenen von Fenstern und Türen aus beschossen und mit Handgranaten beworfen.

Die verbliebenen gut 200 Männer und älteren Jungen waren in Garagen und Scheunen festgesetzt worden. Auf ein Signal hin eröffneten die Soldaten gleichzeitig das Feuer auf sie – zu ihrer Liquidation. Anschließend wurden die Leichenberge ohne

Rücksicht auf verletzte Überlebende mit Stroh bedeckt und angezündet.

Insgesamt wurden 642 Menschen ermordet. Eine ganze Ortschaft wurde ausgelöscht.

Die Berichte über diese Massaker verbreiteten sich innerhalb weniger Tage in Frankreich. Sie führten aber, anders als von den Mördern geplant, nicht zur Abschreckung, sondern zu einer Intensivierung des militärischen Widerstandes. (vgl. zu Tulle und Oradour: Hervé / Graf, Oradour)

Angesichts der militärischen Situation verschärfte auch die Wehrmacht ihren Terror gegen die Résistance-Kämpfer. Ähnlich wie beim Kampf um das Plateau von Glières entschied die Wehrmachtsführung am 8. Juli 1944 gemeinsam mit Vichy-Kräften, den Maquis des Vercors (französische Alpen) anzugreifen und zu vernichten.

Der Angriff begann am 21. Juli mit etwa 10.000 Soldaten (Gebirgsjäger, Fallschirmjäger, Artillerie, Flugzeuge, Lastensegler). Befehlshaber war der Wehrmachtsgeneral Karl Pflaum zusammen mit dem SD-Chef von Lyon, Werner Knab. Nach drei Tagen heftiger Kämpfe musste der Maquis aufgeben, die Kämpfer zerstreuten sich in den umliegenden Dörfern.

Pflaum gab nun den Befehl, das Vercors zu durchkämmen, die von der Résistance benutzten Häuser und Dörfer niederzubrennen, Vieh mitzunehmen, die Männer unter 30 Jahren gefangen zu nehmen (»verbrannte Erde«). In der Literatur wird die Zahl von mindestens 750 Opfern genannt. Das Massaker von Vassieux (72 ermordete Einwohner) wurde in der französischen Anklage vor dem Internationalen Militärgerichtshof in Nürnberg als eines der vier schwersten deutschen Kriegsverbrechen in Frankreich bezeichnet. (vgl. Beguin et. al., Das schwarze Buch von Vercors)

Ein ebenso brutales Massaker richteten deutsche Soldaten am 25. August 1944 in dem kleinen Ort Maillé südlich von Tours im Département Indre-et-Loire an. Als Täter-Einheit gilt das »Feldersatz-Bataillon« der Waffen-SS-Panzergrenadier-Division »Götz von Berlichingen«, die schon an verschiedenen Kriegsverbrechen beteiligt war. Das Massaker in Maillé galt als Vergeltung für einen Anschlag des Widerstandes auf zwei Militärfahrzeuge. Daraufhin marschierten 70 bis 100 deutsche Soldaten in das Dorf und töteten alles, was sich bewegte. Den schon 1945 bekannten Fakten zufolge ermordeten die deutschen Truppen 124 der etwa 500 Bewohner des Dorfes, darunter 43 Kinder bis 12 Jahre. Das jüngste Opfer war vier Monate alt. Mit einer Kugel im Nacken lag es in seiner Wiege. Der Älteste war 89. Anschließend beschossen die Panzergrenadiere das Dorf mit Granaten und zerstörten den größten Teil der Häuser und Einrichtungen. Das Massaker von Maillé gilt nach dem von Oradour als das schwerste Kriegsverbrechen deutscher Truppen in Frankreich. (vgl. Arnaud, Das vergessene Dorf Maillé)

Die Befreiung von Paris

Im August 1944 begann das entscheidende militärische Eingreifen der Résistance zur Befreiung als Unterstützung der alliierten Streitkräfte und als eigener Beitrag zur Wiederherstellung eines freien Frankreichs. In allen Teilen des Landes traten Maquis und Partisanengruppen der deutschen Besatzung und den Kollaborateuren offen entgegen. In Südfrankreich, wo sich mit der Landung weiterer alliierter und französischer Streitkräfte eine neue militärische Lage ergab, unterstützten die Partisanen die Befreiung der großen Städte durch Generalstreiks und durch Kampfaktionen im Hinterland. Am 18. August blockierte ein Generalstreik in Marseille die Bewegungsfähigkeit der deutschen Verbände, die Hafenstadt Toulon, ein bedeutender Stützpunkt der Nazikriegsmarine, konnte befreit werden. Den Streitkräften der Résistance gelang es, große Gebiete im Süden Frankreichs unter ihre Kontrolle zu bringen. In Grenoble war die Wehrmacht schon am 22. August besiegt worden.

Den gut ausgerüsteten Partisanengruppen in der Bretagne gelang es schon Ende Juli, einen Großteil des Territoriums zu befreien und jeglichen Zugverkehr zu unterbinden. Am 18. August übernahmen die Kräfte der FFI auch die Stadt Nantes. Auf diese Weise erleichterten sie den Vormarsch der 3. US-Armee.

Am 10. August begann im Großraum Paris, in den Werkstätten von Vitry, ein Streik der Eisenbahner, am 15. August folgten die Bediensteten der Metro und sogar die Polizei.

Am nächsten Tag schlossen sich die Postangestellten an, die den Telefonverkehr nur noch für die Verbindungen, die für die Résistance unentbehrlich waren, aufrechterhielten. Radio Paris, unter dem Befehl der Besatzungsmacht, stellte am 17. alle Sendungen ein. Am 18. riefen die CGT und die christliche Gewerkschaft CFTC den Generalstreik aus. In den meisten Fabriken, auch in denen, die mangels Stromversorgung die eigentliche Produktion bereits eingestellt hatten, wurde der Aufruf befolgt, so dass ab 18. August in der gesamten Region von Paris ein Generalstreik durchgeführt wurde.

Die Frage war, wie die Besatzungsmacht auf diese Volksbewegung reagieren würde. Zum Verständnis muss man einen Monat zurückblicken, auf den 20. Juli 1944. Das Attentat Stauffenbergs auf Hitler hatte in Paris zur Folge, dass dort tatsächlich der Befehl »Walküre« ausgelöst wurde und mehr als 1.000 Gestapobeamte und SS-Offiziere verhaftet wurden. Treibende Kraft der Verschwörer des 20. Juli in Paris war Cäsar von Hofacker, Oberstleutnant im Stab des Militärbefehlshabers. Als überzeugter Hitlergegner hatte er im Frühjahr 1944 sogar direkten Kontakt mit Otto Niebergall, der ihn über die Ziele des »Komitees ›Freies Deutschland‹ für den Westen« informierte. Als am Abend des 20. Juli auch in Paris bekannt wurde, dass Hitler das Attentat überlebt hatte, wurden die Verhafteten freigelassen und die Anhänger des 20. Juli wegen »Rebellion« verhaftet. Hofacker wurde im Dezember 1944 im Zuchthaus Brandenburg hingerichtet.

Diese Ereignisse zeigten dennoch, dass innerhalb des Militärkommandos in Paris die Hoffnung auf den »Endsieg« kaum noch vorhanden war. Zwar erhielt der neu eingesetzte Stadtkommandant von Groß-Paris Dietrich von Choltitz im August 1944 von Hitler persönlich den Befehl, die Stadt um jeden Preis zu halten. Außerdem sollten Brücken und andere strategische Einrichtungen zerstört werden, um den alliierten Vormarsch zu stoppen. Auch hatte General Gerd von Rundstedt, Oberkommandierender der Westfront, den Befehl erteilt, alle Partisanen, die in die Hände der Wehrmacht fielen, sofort zu erschießen. So wurden am 17. August 35 Résistance-Kämpfer am Wasserfall des Bois de Boulogne erschossen, sieben andere vor dem Sitz der Gestapo in der Rue Leroux, 26 in der Festung von Vincennes.

Aber insgesamt war die Bereitschaft, einen Häuserkampf in Paris zu riskieren, auch in der Armeeführung nur eingeschränkt vorhanden, obwohl in der Stadt noch 20.000 Wehrmachtssoldaten stationiert waren und zur Unterstützung weitere 20.000 Mann der Waffen-SS angekündigt waren. Vor diesem Hintergrund beabsichtigte der Chef des Generalstabs der FFI, General Pierre Kœnig, einen vorläufigen Waffenstillstand mit von Choltitz abzuschließen, um die Zerstörung der Stadt zu verhindern. Doch dies entsprach angesichts der Dynamik des Generalstreiks nicht mehr der Wirklichkeit.

Angesichts der Mobilisierung der Bevölkerung verbreitete das »Comité Parisien de Libération« (Pariser Befreiungskomitee) am 18. August auf Plakaten einen Aufruf zum »Aufstand zur Befreiung«, der am 19. August auch tatsächlich ausgelöst wurde. Dabei wandten die kämpfenden Einheiten zwei Taktiken an, die ein Teilnehmer folgendermaßen schilderte: Man desorientierte den Feind durch Beunruhigungsaktionen, brachte ihn durch vielfache Angriffe an zahlreichen Stellen außer Fassung und vermittelte damit den Eindruck einer größeren Kampfstärke als tatsächlich gegeben. Gleichzeitig wurden Gas- und E-Werke sowie die Telefonzentrale besetzt und die Sprengung von wichtigen Brücken durch bewaffnete Kämpfer verhindert.

Oberst Henri Rol-Tanguy, ehemaliger Offizier der Internationalen Brigaden in Spanien, Oberkommandierender der Streitkräfte der Résistance (FFI) in der Pariser Region, befahl daraufhin am 20. August von seinem Hauptquartier in den Katakomben der Stadt aus die Generalmobilisierung. Seine Anweisungen für das militärische Vorgehen lauteten:

- »Eine Gefahr besteht: Die schnelle Bewegung der feindlichen Panzer. Diese Gefahr kann leicht beseitigt werden; es genügt, die Nazis daran zu hindern, sich fortzubewegen.
- Zu diesem Zweck möge die gesamte Pariser Bevölkerung, Männer, Frauen, Kinder, Barrikaden errichten, auf den Alleen, Boulevards und großen Straßen Bäume fällen.
- Alle großen Straßen sollen besonders durch gestaffelte Barrikaden blockiert werden.
- Organisiert Euch in Häusern und Straßen, um Eure Verteidigung gegen jeden feindlichen Angriff sicherzustellen.
- Unter diesen Umständen wird der Nazi isoliert und in einigen Nestern zerniert werden. Er wird keine Vergeltung mehr üben können.
- Alle auf die Barrikaden!«

  (zit. nach: FIR, Hefte des Widerstands, Bl. 607)

Diese Strategie ging auf, so dass es innerhalb der Stadt zwar zu Kämpfen kam, aber die deutschen Einheiten zu keiner Zeit ihre militärtechnische Überlegenheit entfalten konnten.

Pierre Durand, selbst ehemaliger Résistance-Kämpfer, schildert den Fortgang folgendermaßen: »Rol-Tanguy hatte seinen Stabschef, Major Gallois, beauftragt, mit den auf Paris vorstoßenden amerikanisch-französischen Truppen Kontakt aufzunehmen, um sie zu bitten, so rasch wie möglich in die Hauptstadt einzuziehen. Der US-General Patton lehnt es ab, seine Einheiten sofort nach Paris in Marsch zu setzen. Gallois sucht dann den französischen General Leclerc auf, der sich im Widerspruch zu den amerikanischen Befehlen dazu entschließt, den Aufständischen in Paris zu helfen und seine Panzer beschleunigt in Richtung Paris rollen lässt. Am Abend des 23. August erreichen sie die Stadtgrenze und bewegen sich kämpfend auf das Zentrum zu. Die Aufständischen ihrerseits hatten das Rathaus besetzt, die Besatzer im Senatsgebäude und in der Kaserne »Prinz Eugen« umzingelt. Die Kämpfe toben.

Im Laufe dieser Gefechte nimmt der FFI-Oberst Fabien mit Hilfe von sieben Panzern Leclercs das Senatsgebäude ein. André Tollet, Vorsitzender des Pariser Befreiungskomitees, schrieb dazu: ›Wie üblich nutzte Fabien alle ihm gebotenen Möglichkeiten aus, auch die außergewöhnlichsten. Im Rückwärtsgang ließ er mit Sand beladene Lastkraftwagen auf die Blockhäuser vor dem Senat zurollen, die beim Zusammenstoß ihre Last abwarfen und so die Schießscharten verstopften. Die blind gewordenen Bunker wurden dann mit Granaten gesäubert, mit Handgranaten, die von den Arbeitern des Gnome-et-Rhône-Betriebes für die Aufständischen hergestellt worden waren.‹

Am 25. August kapituliert von Choltitz in seinem Hauptquartier im Hotel Meurice, das von Aufständischen eingeschlossen und von Panzern Leclercs bedroht war. Er wird zunächst zur Polizeipräfektur, dann zum Bahnhof Montparnasse gebracht, wo er die Kapitulationsurkunde unterzeichnet, die die Unterschriften von General Leclerc und des Kommandanten der F.F.I., Oberst Rol-Tanguy, trug.« (weitere Details vgl. Durand, Paris und FIR, Hefte des Widerstands, Bl. 607ff)

Welch große symbolische Bedeutung die Befreiung von Paris für das Selbstverständnis der Résistance hatte, wird daran deutlich, dass schon am 26. August unter großer Anteilnahme der Bevölkerung auf den Champs-Elysées ein Triumphzug der Truppen von General Leclerc gemeinsam mit Kämpfern der FFI aus den Partisaneneinheiten abgehalten wurde. An der Spitze marschierte gemeinsam mit Oberst Rol-Tanguy General de Gaulle, der damit seinen Anspruch als Repräsentant des

»Freien Frankreichs«, das die eigene Hauptstadt selbst befreit hatte, unterstrich.

Drei Tage später fand eine weitere Siegesparade auf den Champs-Elysées statt, diesmal mit General Eisenhower und den US-amerikanischen Einheiten, die inzwischen Paris erreicht hatten.

Der CNR und das Pariser Befreiungskomitee erklärten in einer ersten Stellungnahme: »Die Hauptstadt ist befreit, aber der Kampf ist noch nicht zu Ende. Noch steht der Feind auf französischem Boden und unsere Kräfte dürfen nicht erlahmen.«

Die Fortsetzung der Kämpfe bis zum Jahresende 1944

Mit dieser Botschaft war die zentrale Aufgabe für die zweite Jahreshälfte 1944 umrissen. Die Vertreter der Wehrmacht selber konstatierten, dass man nicht mehr von einer Widerstandsbewegung sprechen könne. Es sei bereits eine organisierte Armee, die im Rücken der deutschen Streitkräfte stehe. Auch die Vichy-Regierung erkannte die Aussichtslosigkeit der Lage. Sie setzte sich – auf deutsche Anweisung – am 7. September auf deutsches Territorium nach Sigmaringen ab. Daraufhin formierte de Gaulle am 9. September 1944 eine Regierung für das befreite Frankreich mit Sitz in Paris.

Doch die militärischen Auseinandersetzungen waren noch nicht beendet. Am 23. September wurden die Einheiten der FFI auch formell in die reguläre französische Armee integriert, und tatsächlich übernahmen die Partisaneneinheiten als Teil der FFI zunehmend abgestimmte Angriffsoperationen in den noch nicht von den alliierten Truppen befreiten Landesteilen. Von daher verschmelzen ab diesem Zeitpunkt die bewaffneten Aktionen des Widerstandes mit denen der Armee. General Kœnig gab den FFI-Verbänden im Südosten und im Zentralmassiv den Befehl, so viele deutsche Truppen wie möglich zu binden und bei ihrer Verlegung in den Norden zu behindern.

Am 27. August wurde die Hafenstadt Bordeaux kampflos und unzerstört übergeben. Zwar wurde von Hitler befohlen, bei einem Rückzug der deutschen Truppen aus Bordeaux die Hafenanlagen und die Pont de Pierre zu zerstören. Doch der Divisionskommandeur Generalleutnant Albin Nake schloss entgegen dem Befehl nach Verhandlungen mit den Vertretern der örtlichen Résistance eine geheime Übereinkunft, dass die Stadt nicht zerstört würde, wenn die kampflos abziehenden deutschen Truppen nicht angegriffen würden. Die Résistance sicherte freies Geleit zu. Wichtig war dabei, dass der deutsche Feldwebel Heinz Stahlschmidt kurz davor das Munitionsdepot mit den bereit liegenden 4.000 Zündern für die beabsichtigte Sprengung zerstört hatte. Dabei waren mehrere deutsche Soldaten getötet worden.

Im Zentralgebiet und im Südwesten führten FFI-Verbände die Befreiung praktisch auf sich alleine gestellt durch. Sie zwangen die Garnison von Limoges zur Kapitulation und schalteten große Teile der 1. Armee der Wehrmacht bei ihrem Rückzug nach Dijon aus. Im Südosten befreiten sie den größten Teil Savoyens und Hoch-Savoyens. Allein in diesen Kämpfen konnte der Maquis eine ganze deutsche Division binden. Bereits Mitte August kontrollierten die Verbände der Résistance die Verbindung Lyon-Marseille und die Übergänge nach Italien.

Am 10. September nahmen die FFI bei Issoudun im Département Indre (südlich von Paris) etwa 25.000 deutsche Soldaten unterschiedlicher Einheiten gefangen.

In einer Auflistung der Kämpfe der FFI mit der 19. Armee wurde bilanziert, dass dabei über 8.000 Wehrmachtssoldaten getötet und 42.000 gefangen genommen wurden.

Auch im Norden ergriffen Partisanenverbände die Initiative zur Unterstützung der regulären Truppen des »Freien Frankreichs« und der Alliierten. Durch ihre Einsätze ermöglichten sie den US-amerikanischen und britischen Verbänden einen schnellen Vormarsch bis zur belgischen Grenze und den Vorstoß nach Brüssel. Die Stadt wurde am 4. September 1944 befreit. In den alliierten Armeeeinheiten befand sich auch die Brigade Piron, in deren Reihen belgische Freiwillige ihren Beitrag zur Befreiung der Hauptstadt leisteten.

Währenddessen gingen die Kämpfe im Osten Frankreichs unvermindert fort. Unter aktiver Mithilfe der FFI gelang es den alliierten Streitkräften, am 23. November das bereits geräumte KZ Natzweiler-Struthof im Elsass zu erreichen. Anfang September, in den Wochen vor der Evakuierung des Lagers zu Außenkommandos, waren dort noch zahlreiche Verbrechen begangen worden. So ermordete die SS 107 Gefangene, die als Mitglieder des Spionagenetzwerkes »Réseau« inhaftiert waren.

Am 23. November erreichten Verbände von General Leclerc Strasbourg. Es dauerte jedoch noch bis zum 25. März 1945 bis das gesamte Elsass befreit war.

Von symbolischer Bedeutung war die Befreiung der Stadt Aachen Ende Oktober 1944 durch die alliierten Streitkräfte. Damit begann die militärische Auseinandersetzung auf deutschem Territorium. Doch es dauerte noch mehr als sechs Monate bis zur endgültigen Zerschlagung des deutschen Faschismus. Die letzten Kampfhandlungen gegen die seit Monaten eingekesselten deutschen Besatzungen der Atlantikfestungen La Rochelle und Saint-Nazaire endeten erst mit der militärischen Kapitulation am 8. Mai 1945.

Auch deutsche Antifaschisten beteiligten sich an den Kämpfen um die Befreiung Frankreichs. Sie reihten sich in die Einheiten des FFI ein und versuchten als Frontbevollmächtigte dort, wo die alliierten Streitkräfte auf Widerstand stießen, die deutschen Einheiten und ihrer kommandierenden Offiziere zur Einstellung der Kämpfe zu veranlassen. Ähnlich wie an der Ostfront wurden auch hier die Wehrmachtssoldaten mit Flugblättern, die über den deutschen Linien abgeworfen wurden, oder in Lautsprechereinsätzen dazu aufgefordert, sich freiwillig in Kriegsgefangenschaft zu begeben. In mehreren Fällen traten auch Mitglieder des CALPO als Emissäre auf und verhandelten mit deutschen Kommandanten. Mehrere wurden dabei als »Deserteure« erschossen. Anders als an der Ostfront musste diese Tätigkeit jedoch zum Jahresende 1944 auf Anordnung der amerikanischen und französischen Kommandostäbe eingestellt werden. Die westlichen Alliierten setzten in dieser Phase allein auf ihre militärische Überlegenheit.

Ein weiterer Teil der CALPO-Arbeit war die Aufklärung unter deutschen Kriegsgefangenen. Es ging darum, die Soldaten und Offiziere für einen bewussten antifaschistisch-demokratischen Neuanfang in Deutschland zu gewinnen. Doch schon in den ersten Wochen zeigte sich, dass etliche französische Lagerkommandanten, die sich besonders mit General de Gaulle verbunden fühlten, die Zusammenarbeit mit dem CALPO ablehnten, da dieses als »kommunistisch« bezeichnet wurde. Zum Jahreswechsel 1944/45 musste die Zeitung *Volk und Vaterland* durch Anordnung des französischen Kriegsministeriums das offizielle Ende dieser Aktivität verkünden.

Widerstand in KZs und Zwangsarbeitslagern

Die Geschichte der Résistance wäre nicht vollständig ohne die Leistungen jener französischen Frauen und Männer, die selbst noch unter den Bedingungen von Zwangsarbeit und Konzentrationslager gegen den deutschen Faschismus gekämpft haben.

Durch die Zwangsaushebungen im Rahmen des »Service du travail obligatoire« (STO) wurden bis Mitte 1944 knapp 650.000 Französinnen und Franzosen ins Deutsche Reich verschleppt. Wie auch die Kriegsgefangenen mussten sie – insbesondere in kriegswichtigen Betrieben – für die deutsche Rüstungsindustrie arbeiten. Die Lager für Zwangsarbeiter waren zwar keine KZs, die Lebensbedingungen waren dennoch katastrophal und die Bewachung intensiv.

Es gibt zahlreiche Berichte von französischen Zwangsarbeitern, die sich gegen die Arbeitsnormen und die Repression wehrten. Als Beispiel sei Armand Transport, Zwangsarbeiter auf der Howaldtswerke AG im Hamburger Hafen, angeführt. Er wurde aus seinem Zwangsarbeiterlager in das KZ Neuengamme überstellt wegen folgender Anklagepunkte: Sabotage in der Fabrik, Verteilung von englischen und amerikanischen Flugblättern, Hören des englischen Radios und Hilfestellung bei der Flucht französischer Kriegsgefangener.

Viele Zwangsarbeiter fanden sich nicht einfach mit ihrem Schicksal ab, sondern suchten Möglichkeiten, sich über den Verlauf des Krieges zu informieren, für sich und ihre Mitgefangenen Mut zu schöpfen und sich solidarisch gegenüber anderen Verfolgten zu zeigen.

Von Bedeutung konnten selbst symbolische Gesten sein. So berichteten französische Zwangsarbeiterinnen, die in das KZ Ravensbrück verschleppt worden waren, von einer Gemeinschaftsaktion: »Das erste gemeinschaftliche Erlebnis war unser erster Sieg. Wir hatten beschlossen, unseren Nationalfeiertag offen durch eine Schweigeminute zu ehren. Am 14. Juli 1944 haben wir uns alle um 12 Uhr mittags in der Fabrik Continental erhoben. Die ›Mäuse‹ [Aufseherinnen] betrachten uns verdutzt und böse. Eine von ihnen telefoniert an den Block: ›Es beginnt ein Aufruhr.‹ Sie schreien: ›Setzen, Ruhe!‹, und wir bekommen die ersten Schläge. Wir setzen uns, immer noch in absolutem Schweigen: die Minute war vorbei.« (vgl. Häftlinge aus Frankreich im KZ Neuengamme – Material der KZ-Gedenkstätte Neuengamme)

Für wie bedrohlich die faschistischen Verfolger solche Symbolik – und auch vereinzelte Gesten der Solidarität aus den deutschen Belegschaften – hielten, musste der jugendliche Günter Pappenheim in einem Thüringer Betrieb erleben. Er spielte für zwei französische Zwangsarbeiter am 14. Juli 1944 auf seiner Mundharmonika die Melodie der Marseillaise. Durch Denunziation verraten kam er dafür in das KZ Buchenwald.

Dort traf er auf französische Häftlinge, unter denen sich Kommunisten, Gaullisten, Sozialisten, Kämpfer aus den verschiedenen Gruppen der Maquis und der Partisanenverbände befanden. Von März 1943 bis Anfang April 1945 war auch Léon Blum, der Ministerpräsident der Volksfront-Regierung, in Buchenwald, jedoch abgetrennt im »Prominenten-Bereich«, so dass er keinen aktiven Kontakt zu den Résistance-Häftlingen bekam. Deren anerkannte Vertreter waren Oberst Frédéric-Henri Manhès, militärpolitischer Berater im Stab de Gaulles, der 1943 zur Unterstützung der Résistance-Gruppen mit einem Fallschirm abgesprungen war, verhaftet wurde und nach Buchenwald kam, und Marcel Paul, Vertreter des PCF, der in den kommunistischen Jugendbrigaden am Widerstandskampf beteiligt war.

Letzterer war zugleich französischer Vertreter im illegalen Internationalen Lagerkomitee, das auf Initiative der deutschen politischen Häftlinge Anfang 1943 gebildet worden war.

Ausgehend von der Vereinigung der Résistance in Frankreich im Rahmen des CNR schufen die französischen Buchenwaldhäftlinge Mitte 1944 unter den Bedingungen absoluter Konspiration sogar eine »Brigade Française d'Action liberatrice« (BFAL – Französische Brigade der Befreiungsaktion). Diese Brigade war militärisch durchorganisiert und reihte sich als französischer Teil in die Internationale Militärorganisation (IMO) der Häftlinge ein, die am 11. April 1945 ihren gewichtigen Anteil an der Selbstbefreiung des KZ Buchenwald hatte. (vgl. Triebel, Les Français)

Widerstand anderer Art leisteten die französischen Maler Boris Taslitzky und Paul Goyard. Während die SS die Häftlinge zu entmenschlichen versuchte, skizzierten sie auf mehreren hundert Blättern den Alltag und ihre Kameraden. Auf diese Weise gaben sie ihren Leidensgenossen ihr menschliches Gesicht zurück.

Auch aus den anderen großen Lagern gibt es solche Berichte von Widerstand und Verweigerung. Die Gedenkstätte im KZ

Sachsenhausen erinnert an Marceau Benoit, André Bergeron und Emile Robinet, die am 11. Oktober 1944 zusammen mit 24 deutschen Kameraden wegen Sabotage in den Heinkelwerken erschossen wurden.

Andere Häftlinge erinnern an die spezifisch französischen Beiträge zur Solidarität mit anderen Mithäftlingen. Der ehemalige Präsident des Internationalen Sachsenhausenkomitees Pierre Gouffault sprach vom »Geist von Sachsenhausen« und erinnerte an die »soupe française«. »Ein Häftling, der dazu bestimmt wurde, ging im Heinkelkommando mit einem leeren Eßnapf durch die Reihen, und alle Franzosen... gaben einen Esslöffel Suppe ab. In der Halle sechs waren vielleicht 300 Franzosen. 300 Löffel Suppe, das sind einige Eßnäpfe. Und so brachten wir es den kranken Kameraden ins Revier.« (zit. nach: Morsch, Französische Häftlinge)

Erwähnt werden muss auch der aktive Widerstand im KZ Dora-Mittelbau, wo französische Häftlinge bei der Sabotage der V1- und V2-Produktion nicht nur allgemein die faschistische Kriegsproduktion behinderten, sondern damit bewusst die Wirkung der in Frankreich gelegenen Militäreinrichtungen, die Abschussrampen gegen die britische Insel, bekämpften.

Der Geist der Résistance wurde in den Haftstätten des faschistischen Regimes bewahrt. Dieses Handeln der Häftlinge war eine Form von Widerstand, der selbst unter den Bedingungen verschärfter Lagerbedingungen wirksam war.

Der politische Neubeginn und die »Épuration«

Da Frankreich nach der militärischen Befreiung nicht als Besatzungsgebiet der Alliierten behandelt wurde, was General de Gaulle in Verhandlungen mit US-Präsident Roosevelt und Großbritanniens Premierminister Churchill durchgesetzt hatte, waren das CNF und der CNR verantwortlich für die Reorganisation des politischen und gesellschaftlichen Lebens in den befreiten Gebieten. Dabei konnte es nicht ausbleiben, dass es zwischen den bürgerlichen Eliten, von denen sich Teile de Gaulle angeschlossen hatten, und der Masse der Widerstandskämpfer gegensätzliche politische Vorstellungen gab. Schon wenige Wochen vor dem Aufstand in Paris formulierte die Widerstandszeitung *Franc-Tireur* deutlich den eigenen Machtanspruch: »Der Staatsrat hat nicht das Maquis geschaffen, der Rechnungshof hat es nicht versorgt; die Akademie für Philosophie und Rechtswissenschaft hat nicht die illegale Presse beliefert, aus dem Institut für Sozialwissenschaften kam nicht der Zulauf zu den Widerstandsgruppen und den Franc-Tireurs und Partisanen. … Die wirklich ›feinen Leute‹ sind die Widerstandskämpfer; sie haben täglich Freiheit und Leben riskiert, haben die Ehre Frankreichs gerettet; sie müssen morgen der Republik ihre Kader zur Verfügung stellen; sie müssen Frankreich wieder aufbauen.« (zit. nach: FIR, Hefte des Widerstands, Bl. 827)

Da die politischen Unterschiede zwischen der Résistance und den gaullistisch orientierten Vertretern des Militärs nicht zu übersehen waren, versuchten die politischen Kräfte im Land Pflöcke für den politischen Neuanfang zu setzen.

Am 15. März 1944 hatte sich der CNR auf eine gemeinsame politische Plattform für den politischen Wiederaufbau verständigt, die es nun umzusetzen galt. In der Präambel wurde diese Plattform als Aktionsplan gegen die Unterdrücker und als Maßnahmeplan bezeichnet, um, sobald die Befreiung des französischen Territoriums erreicht sei, eine gerechtere soziale Ordnung zu schaffen. So wurden – dem Programm der früheren Volksfront-Regierung folgend – die Sozialisierung von Schlüsselindustrien, Energieversorgern und Bankenwesen beschlossen. Die Bereitschaft auch linksbürgerlicher Kräfte, solche weitergehenden Schritte mitzugehen, hatte damit zu tun, dass man damit jene gesellschaftlichen Kräfte aus Wirtschaft und Staat entmachten wollte, die das Land zuerst dem Hitlerfaschismus ausgeliefert und dann mit ihm kollaboriert hatten.

Zu den nach der Befreiung tatsächlich umgesetzten Maßnahmen gehörten die Nationalisierung der Energieversorgung (Électricité de France), der Versicherungen (Assurances Générales de France) und Großbanken (Crédit Lyonnais, Société Générale), die Gründung der Sozialversicherung Sécurité Sociale sowie die Verstaatlichung von Renault.

Zu den gesellschaftspolitischen Forderungen gehörten das Recht auf Arbeit und das Recht auf Erholung, die Wiederherstellung von Betriebsräten sowie Renten, »die den alten Arbeitern einen menschenwürdigen Lebensabend ermöglichen«. (Wortlaut der Plattform: www.anacr.com/histoire-thematique-programme-cnr, abgerufen 30.7.2018)

Die Erfahrungen des gemeinsamen Handelns von Franzosen und Migranten im Widerstand machte auch den Weg für diese Forderung frei: »Ausdehnung der politischen, sozialen und wirtschaftlichen Rechte auf die eingeborene und koloniale Bevölkerung.«

Zur Überwindung der alten Gesellschaftsstruktur forderte man: »Die echte Möglichkeit für alle Franzosen, Bildung zu erwerben und zum höchsten Kulturniveau aufzusteigen, unabhängig vom Vermögen der Eltern, damit die höchsten Ämter wirklich allen offenstehen, die die zu ihrer Ausübung notwendigen Fähigkeiten besitzen, und damit auf diese Weise eine wirkliche Elite nicht durch Geburt, sondern durch Verdienst entsteht, die durch Zustrom aus dem Volk ständig erneuert wird.« (zit. nach: FIR, Hefte des Widerstands, Bl. 826)

Aus heutiger Sicht überraschend wurde erst mit dem politischen Neubeginn eine weitere gesellschaftliche Diskriminierung überwunden. Mit Dekret des CNR vom 21. April 1944 wurde endlich auch den französischen Frauen das Wahlrecht zugesprochen, das nach dem Ende der Kampfhandlungen Wirklichkeit wurde.

In den ersten Monaten nach der Befreiung kam es insbesondere in der früheren Südzone zu Auseinandersetzungen zwischen den Befreiungskräften vor Ort, die als Département-Räte die politische Organisation nach der Absetzung der Vichy-Administration übernommen hatten, und der von de Gaulle geschaffenen provisorischen Zentralregierung in Paris. Während beim Vormarsch der alliierten Streitkräfte und der FFI zumeist de-Gaulle-treue Kräfte in die neuen Verwaltungen eingesetzt wurden, hatten im Süden die örtlichen Befreiungskräfte die Verwaltungen in die eigenen Hände genommen. Nun war man nicht widerspruchslos bereit, sich durch neue Département-Regierungen ersetzen zu lassen, die seitens der provisorischen Zentralregierung eingesetzt wurden. Insbesondere forderten die aus der Résistance entstandenen Institutionen die Verwirklichung des Programms des CNR.

Manchmal ergriff man vor Ort auch ganz unorthodoxe Mittel zum Wiederaufbau, wie Maurice Thorez, der Vorsitzende des PCF, 1945 anerkennend aus dem Département Aube berichtete: Der Präfekt lasse das Dorf Buchères »ausschließlich durch deutsche Kriegsgefangene wiederaufbauen. In diesem Dorf hatte die SS alle Häuser niedergebrannt, nachdem sie einen großen Teil der Einwohner, darunter zahlreiche Frauen und Kinder, niedergemetzelt hatte. Es ist nur gerecht, dass diese Deutschen unsere Städte und Dörfer wiederaufbauen.« (Thorez, Frieden, S. 63)

Die provisorische Zentralregierung umfasste ursprünglich die Kräfte, die bereits im CFNL in Algier zusammengearbeitet hatten. Nach der Befreiung von Paris gab es am 9. September 1944 eine Regierungsumbildung, bei der weitere politische Kräfte integriert wurden, darunter der PCF, die Sozialisten (SFIO), die neu gegründete christlich-demokratische Partei MRP und die »Radicaux«. Etwa ein Drittel der Regierungsmitglieder waren Minister in der Dritten Republik.

Zum politischen Neubeginn gehörte auch der Wiederaufbau politischer Parteien. Einzig der PCF war trotz der Verfolgung und Einschränkungen schon vor dem Krieg und der rigorosen Unterdrückung während der Besetzung in der Lage gewesen, eine landesweite illegale Organisation aufrechtzuerhalten. Die anderen Vertreter von Parteien im CNR repräsentierten die früheren Leitungen und konnten sich nur teilweise auf aktive illegale Gruppen im Lande stützen. De Gaulle selber besaß keine Parteibasis im Lande, sondern verstand sich als Repräsentant aller patriotischen Kräfte. Dass diese Zusammenarbeit von Anfang an kompliziert war, zeigte sich bereits, als Maurice Thorez als Vorsitzender des PCF aus dem Moskauer Exil erst nach Algier und später nach Frankreich einreisen wollte. Hierbei bereiteten ihm Vertreter der provisorischen Regierung Schwierigkeiten. So konnte er erst im November 1944 über verschlungene Wege nach Paris kommen, wo mit ihm am 30. November 1944 im »Vélodrome d'Hiver« die erste Großkundgebung des PCF durchgeführt wurde.

Ein ernsthafter Streitpunkt nach der Befreiung wurde der Umgang mit der Säuberung des Staatsapparats und des öffentlichen Lebens von Personen, die der Kollaboration verdächtig waren. Klar war, dass die politischen Repräsentanten der Vichy-Kollaboration entfernt wurden. Aber das Besatzungsregime funktionierte nicht nur mithilfe offener Zusammenarbeit. Viele Vorwürfe bezogen sich auf Denunziationen oder die Auslieferung von Flüchtenden und Geiseln an die deutsche Besatzungsmacht.

Dass Angehörige der Vichy-Polizei oder der Milice, die oftmals gemeinsam mit der Gestapo, dem SD und dem deutschen Militärapparat den Maquis und andere Widerstandskämpfer verfolgt hatten, mit wenig Gnade und Verständnis rechnen konnten, überrascht nicht. Im Zuge von spontanen, noch ungeregelten Aktionen (épuration sauvage) wurden mehrere tausend Denunzianten und Kollaborateure getötet. Eine besonders grausame Form der Rache nahm man in vielen Fällen an Frauen, die sich mit deutschen Soldaten eingelassen hatten. Es gibt zahlreiche Bilder von Frauen, denen die Köpfe kahl geschoren wurden, um sie als Geliebte von deutschen Besatzern zu kennzeichnen. Solche Demütigungen fanden statt, ohne dass sich die Betroffenen in irgendeiner Weise verteidigen konnten. Diese Art der »épuration sauvage« betraf zumeist die kleinen Kollaborateure vor Ort. Die eigentlichen Hauptverantwortlichen hatten ihre Möglichkeiten genutzt, sich der Verantwortung zu entziehen.

Schon nach kurzer Zeit wurden diese spontanen Übergriffe durch eine offizielle Commission d'Épuration (épuration légale) in geordnete Bahnen gebracht. Als Sanktionen wurden dabei drei Formen von Strafen in den Blick genommen: Haftstrafen bis hin zur Todesstrafe, Verlust der Bürgerrechte auf Zeit sowie staatliche Beschlagnahmung von Kriegsgewinnen der betreffenden Person.

In der Literatur wird für ganz Frankreich die Zahl von etwa 120.000 Verurteilungen angegeben, bei denen etwa 1.500 Todesurteile gefällt und vollstreckt wurden. Da zu dieser Zeit der alte Justizapparat selbst wegen Kollaboration untersucht wurde, gab es Formen von Volksgerichten unter der Verantwortung von Résistance-Kämpfern, was später als Verstoß gegen rechtsstaatliche Grundsätze kritisiert wurde.

General de Gaulle und die Provisorische Regierung der Französischen Republik traten ab Ende 1945 dafür ein, dass diese Verfahren gegen Kollaborateure mehr oder minder eingestellt wurden. Unter dem Schlagwort der »nationalen Versöhnung«, die auch die Integration der ehemaligen Vichy-Kollaborateure beinhaltete, propagierte man einen Neuanfang in der Vierten Republik.

Nur gegenüber Pétain wurde 1945 konsequenter verfahren. Nachdem dieser mit den deutschen Truppen im September 1944 nach Sigmaringen geflohen war, versuchte er im April 1945, sich angesichts der vorrückenden französischen Armee in die Schweiz abzusetzen. Da diese ihm kein politisches Asyl gewähren wollte, stellte er sich den französischen Behörden und wurde durch General Marie-Pierre Kœnig verhaftet. Gegen ihn wurde von der Commission d'Épuration ein Prozess vorbereitet. Das von der Öffentlichkeit viel beachtete Gerichtsverfahren wurde am 23. Juli 1945 im Pariser Palais de Justice eröffnet. Die Staatsanwaltschaft klagte den ehemaligen Staatschef wegen der »Verschwörung gegen die französische Republik und die Sicherheit des Staates« sowie der »Kollaboration mit dem Feind« an.

Welches Selbstbild dieser Kollaborateur hatte, zeigte sich daran, dass er im Gericht mit der Uniform eines Marschalls von Frankreich erschien und als Kern seiner Aussage formulierte: »Ich erkläre mich für unschuldig und verweigere jede weitere Aussage.« (www.deutschlandfunk.de, Das Todesurteil gegen Marschall Philippe Pétain, abgerufen 19.12.2018) Nach gut dreiwöchigem Verfahren verurteilte ihn das Geschworenengericht am 15. August 1945 zum Tode, wobei die Strafe in lebenslange Haft umgewandelt wurde. Am 16. November 1945 wurde Pétain auf die Atlantikinsel Île d'Yeu (Département Vendée) verlegt, wo er am 23. Juli 1951 im Alter von 95 Jahren starb. Seine Leiche wurde auf dem örtlichen Friedhof begraben.

6.
Die Bedeutung der Résistance und die Erinnerung an den antifaschistischen Kampf bis heute

Betrachtet man die öffentliche Erinnerung an den antifaschistischen Widerstand in Frankreich, dann hat diese eine für deutsche Perspektiven ungewöhnliche Form. Auf den – in der Regel von öffentlichen Institutionen organisierten – offiziellen Gedenkveranstaltungen sieht man zahllose Traditionsfahnen, staatliche Würdenträger und Repräsentanten des Militärs, keine politischen Losungen oder Organisationsfahnen und relativ wenige junge Leute. Auch der Ablauf der Gedenkveranstaltungen hat große Ähnlichkeiten mit militärischer Traditionspflege. Militärische Ränge, Orden und Ehrenzeichen spielen eine große Rolle. Selbst deutsche Mitglieder der Résistance wurden in diese Ehrung einbezogen. Otto Kühne wurde 1943 innerhalb der Résistance zum Oberstleutnant befördert und Gerhard Leo zum Ritter der Ehrenlegion ernannt. Man könnte den Eindruck gewinnen, dass die Erinnerung an die Résistance eher eine Angelegenheit für offizielle Feierstunden sei.

Ungeachtet solcher Bilder ist die Erinnerung an den Widerstand in Frankreich eine durchaus lebendige Angelegenheit, bei der es nicht nur um die Vergangenheit, sondern auch um die politische Gegenwart geht. Das hat verschiedene Gründe: Die Erinnerung an den antifaschistischen Kampf konstituierte in Frankreich seit 1945 über viele Jahrzehnte ein eigenes Geschichtsbild. Es war ein Bild, das von einer besetzten Nation ausging, die einen aufopferungsvollen Widerstand geleistet hat, der in der Befreiung der Hauptstadt Paris durch militärische Einheiten der Résistance und der Freien Französischen Armee mündete. Die Kämpfer der Résistance verstanden sich dabei als gleichwertiger Teil der regulären französischen Streitkräfte, was ihnen durch General Charles de Gaulle nach der Befreiung auch immer wieder bestätigt wurde.

Diese Aussage ist natürlich insofern korrekt, als in der Tat die Résistance einen großen Anteil an der Befreiung des Landes hatte und der militärische Teil des Widerstandes einen wichtigen Beitrag zur Einschränkung der Handlungsfähigkeit der Okkupationsstreitkräfte leistete. Durch den Partisanenkampf wurden insbesondere im Jahr 1944 große deutsche Wehrmachtseinheiten gebunden. Und der Terror der Besatzer selbst gegen die Zivilbevölkerung (Oradour-sur-Glane) macht deutlich, welche Bedrohung die deutsche Wehrmacht im französischen Widerstand sah.

Doch die Anerkennung der Kämpfer der Résistance durch General de Gaulle zur Zeit seiner Präsidentschaft hatte zwei Seiten: Zum einen leitete er, der sich selbst als Führer aller Patrioten an der Spitze dieses Widerstandes definierte, damit seine eigene Legitimation aus der Geschichte des Widerstandes ab. Zum anderen verband er damit gleichzeitig die Rehabilitierung der französischen Armee insgesamt und das Schweigen über die Kollaboration. Bekanntermaßen hat es außer in Wirtschaft und Kultur auch in Frankreichs Armee, Polizei und Verwaltung eine große Zahl von Kollaborateuren gegeben – Zuträger für die Gestapo, Polizeikräfte, die kritiklos die Anordnungen aus Vichy umsetzten und bereitwillig den Forderungen der deutschen Besatzer folgten. Das Kalkül war, wenn nun die Widerstandskämpfer Teil der Armee der »grande nation« wurden, konnten sie sich schlecht gegen jene Teile dieser Armee abgrenzen, die erst sehr spät – wenn überhaupt – für die Befreiung gekämpft hatten.

Nachdem Ende der 1940er Jahre in großen öffentlichen Prozessen gegen Pétain und weitere Verantwortliche des Vichy-Regimes deutliche Urteile gefällt worden waren, begann damit in den 1950er Jahren in Frankreich das »große Schweigen« über die Kollaboration, verbunden mit einem offiziell geförderten massiven Antikommunismus.

Wichtig für das politische Klima in Frankreich war die dauerhafte Erinnerung an den Widerstand als gesellschaftliches Narrativ. Wie beschrieben, sind bis heute verschiedene Ereignisse der Verfolgung und des Widerstandskampfes Teil des Alltagsbewusstseins vieler Franzosen. Dazu trugen nicht zuletzt die zahlreichen Publikationen ehemaliger Beteiligter bei, die mit ihren Darstellungen nicht nur das Geschichtsbild prägten, sondern ihre Sicht auch im Spiegel der Auseinandersetzungen im Frankreich der 1950er Jahre präsentierten. Die Erinnerungen an die faschistische Besatzung und ihre blutigen Folgen, die Erinnerungen an den Maquis und andere Résistance-Gruppen blieben so präsent.

Die Beurteilung der Résistance hatte für viele Beteiligte existenzielle Bedeutung, da mit der Anerkennung als Widerstandskämpfer zugleich eine materielle staatliche Absicherung verbunden war. Dies galt für aktive Teilnehmer am Widerstand bis hin zu Deportierten.

Für die Veteranen entstanden sogar ein Ministerium und eine eigene Behörde (Office National des Ancient Combattants et Victimes de Guerre, ONAC), die sich mit deren Ansprüchen beschäftigte.

Die Gruppe, die dabei weitgehend herausfiel, waren die Zwangsarbeiter (STO), denen lange Zeit unterstellt wurde, sie hätten sich mit einer gewissen Freiwilligkeit für die deutsche Kriegsproduktion benutzen lassen. Nur eine Überstellung in ein KZ wurde als Entschädigungsgrund anerkannt.

Dass diese Auseinandersetzung noch in den 1970er Jahren relevant war, musste François Mitterrand während seiner

Präsidentschaft erleben, als ihm – einem ausgewiesenen Vertreter des Widerstandes – ausgerechnet von rechten Kritikern Kollaboration u. a. wegen seiner Zwangsarbeit in der Kriegsgefangenschaft vorgeworfen wurde. Auch gegen den PCF wurde die Auseinandersetzung mit der Geschichte des Widerstandes als politisches Instrument eingesetzt. Wie erwähnt behauptete Stéphane Courtois, dass die populäre kommunistische Widerstandsgruppe Groupe Manouchian (L'affiche rouge) durch Denunziation aus den eigenen Reihen verraten worden wäre. Ein weiteres Beispiel für politische Instrumentalisierung der Geschichte der Résistance lieferte Nicolas Sarkozy, als er zu Beginn seiner Präsidentschaft anordnete, den Abschiedsbrief von Guy Môquet in allen Schulen zur Eröffnung des Schuljahres verlesen zu lassen. Die Lehrergewerkschaft kritisierte, der rechte Präsident wolle sich damit in die Tradition des Widerstandes stellen.

Mit dem zeitlichen Abstand veränderte sich auch die geschichtswissenschaftliche Rezeption der Résistance. Nachgeborene Historiker begannen, die jahrzehntelang verdrängte Kollaboration offen zu thematisieren, und stellten in diesem Zusammenhang – oftmals pauschal – das positive Bild des Widerstandes in Frage. Als Grundlagen wurden die administrativen Abrechnungen des Ministeriums für Veteranen herangezogen, in denen der »aktive Widerstand« kategorisiert war, »um aus ihnen zu schlussfolgern, dass Frankreich grosso modo ungefähr eben so viel Widerstandskämpfer zählte wie Aktivisten der Kollaboration: Ein Prozent Kollaborateure und ein Prozent Widerstandskämpfer. Zwischen beiden habe es nur eine einheitlich indifferente und passive Masse gegeben, die sich mit der Besatzung sogar ziemlich gut abfand.« (Durand, Widerstand, S. 212)

So richtig und wichtig eine Neubewertung der Kollaboration in Frankreich war, wurde diese pauschale Umwertung der Résistance ihrer historischen Rolle und Bedeutung nicht gerecht. Und so setzen sich die Verbände ehemaliger Veteranen der

Résistance seit Jahrzehnten für eine kritische, aber angemessene Bewertung der Rolle des Widerstandes ein. Sie reklamieren für sich, dass es nicht allein auf die Zahl von Aktionen, militärische Erfolge und andere im Einzelnen messbare Taten ankomme, sondern dass der Widerstand »das beim Besatzer geschaffene Gefühl andauernder und allgemeiner Unsicherheit, da er sich ja in einem gleichsam einheitlich feindlichen Milieu bewegen muss«, geschaffen habe. Zudem sei es der Résistance nach dem militärischen Zusammenbruch gelungen, »die Moral des Landes wiederzubeleben« und »so die Wiederherstellung der Demokratie« zu gewährleisten. Außerdem habe sie es Frankreich ermöglicht, »seine Unabhängigkeit zu sichern, dies auch gegen den eventuellen Willen zur Hegemonie seitens seiner nächsten Verbündeten.« (Durand, Widerstand, ebenda)

In diesem Sinne setzen sich die Veteranenverbände, in denen lange Jahre nur Zeitzeugen und ihre Familienangehörigen Mitglied sein konnten, bis heute aktiv für eine Bewahrung der Erinnerung an Widerstand und Verfolgung und gegen jede Form der Verfälschung der Geschichte ein. Da die Zeitzeugengeneration auch in Frankreich verschwindet, öffneten einige Verbände ihre Reihen für »Amis de Résistance«. Außerdem wurde Anfang der 90er Jahre eine »Fondation pour la mémoire« ins Leben gerufen, in der Historiker, Pädagogen und mit dem Anliegen der Résistance Verbundene die Erinnerungsarbeit fortsetzen sollen.

Von Bedeutung für die Erinnerungsarbeit ist auch die Gedenkstätte Natzweiler-Struthof, die sich seit 2005 als »Europäisches Zentrum der deportierten Widerstandskämpfer im KZ-System« (CERD) versteht. Frédérique Neau-Dufour formulierte als Aufgabe, »die Erinnerung an Menschen mit Gewissen und Anstand, Mut und Verantwortungsgefühl …, die sich in ganz Europa gegen die faschistische Herrschaft richteten«, lebendig zu halten. (Hervé / Graf, Natzweiler, S. 84) Damit wird die Gedenkstätte auch der Internationalität der Résistance in Frankreich selber gerecht.

Nicht unerwähnt seien auch die Frauen und Männer aus der deutschen politischen Emigration sowie Deserteure der Wehrmacht, die aus der Rolle der Besatzer auf die Seite der Befreier gewechselt sind. Während in Frankreich diese deutschen Beteiligten an der Résistance (»Frankreichs fremde Patrioten« – so der Titel einer von Arte gesendeten Fernsehdokumentation) hoch angesehen sind, wurde diese Form von antifaschistischem Widerstand in der alten Bundesrepublik jahrzehntelang »vergessen«, oder aber sogar als »Landesverrat« stigmatisiert. Auch für die deutsche Erinnerungsperspektive ist es wichtig, diesen Teil des antifaschistischen Kampfes anzuerkennen. Konnte doch der deutsche Widerstand hier tatsächlich erfolgreich an der Befreiung von Faschismus und Krieg mitwirken.

Die Résistance ist damit nicht nur ein Beispiel erfolgreichen nationalen Widerstandes, sondern Teil des europäischen Kampfes gegen den Faschismus und Krieg, an dem viele Nationen ihren Anteil hatten.

Literaturhinweise

Der Studienkreis Deutscher Widerstand 1933-1945 in Frankfurt/M. präsentiert das Online-Projekt »Gedenkorte Europas« auf seiner Homepage (www.gedenkorte-europa.eu), über das weitergehende Informationen zu verschiedenen im Text genannten Ereignissen, Orten und Regionen, die für die Geschichte der Résistance von Bedeutung waren, abgerufen werden können. Verbunden ist dies mit dem Hinweis auf entsprechende Erinnerungsstätten.

Albertini, Rudolf von: Zur Beurteilung der Volksfront von Paris (1934-1938), Vierteljahreshefte für Zeitgeschichte, 1959, Heft 2, S. 150-162

Arnaud, Didier: Das vergessene Dorf Maillé, in: UTOPIE kreativ, Heft 175 (Mai 2005), S. 396-398

Beguin, Albert et. al.: Das schwarze Buch von Vercors, Europa Verlag Zürich 1945 (Reprint)

Bories-Sawala, Helga / Catherine Szczesny / Rolf Sawala: La France occupée et la Résistance (= Reihe: Einfach Französisch), Paderborn 2008

Bourderon, Roger: Le PCF, le FTP, la MOI – automne-hiver 1943-1944, in: Cahiers d'histoire de l'institut de recherches marxistes, No. 22 (1985), S. 4-42

Cardoen, Jean / Schneider, Ulrich: Antifaschistischer Widerstand in Europa 1922-1945, Köln 2015

Deutschland im zweiten Weltkrieg (6 Bde.), Autorenkollektiv (Hg.), Berlin/DDR 1975ff

Durand, Yves: Der Widerstand im Spiegel der Historiker: Der Fall Frankreich, in: Internationale Föderation der Widerstandskämpfer (FIR) (Hg.), Faschismus – Krieg – Widerstand, Historikersymposium der FIR, Wien 1989

Durand, Pierre: Paris, das sich selbst befreite, Informationen (DRAFD), Heft 8/1999

Exil in Frankreich, Kunst und Literatur im antifaschistischen Exil 1933-1945 Bd. 7, Frankfurt/M. 1981

FIR – Internationale Föderation der Widerstandskämpfer (FIR) (Hg.), Literatur und Widerstand. Anthologie europäischer Poesie und Prosa, Frankfurt/M. 1969

FIR – Internationale Hefte der Widerstandsbewegung, Zeitschrift für Geschichte, hg. von der FIR, Hefte 1-10, 1959 bis 1963, Offenbach 2002

Gingold, Peter: Paris – Boulevard St. Martin No. 11. Ein jüdischer Antifaschist und Kommunist in der Résistance und der Bundesrepublik, Köln 2013

Gilzmer, Mechtild / Levisse-Touzé, Christine / Martens, Steffen (dir.): Les femmes dans la Résistance en France. Actes du colloque international de Berlin, Paris 2003

Guérin, Alain: La Résistance. Chronique illustrée 1930-1950 (5 Vol.). Preface Henri Rol-Tanguy, Livre Club Diderot, Paris 1972

Häftlinge aus Frankreich im KZ Neuengamme – Material der KZ-Gedenkstätte Neuengamme (ohne Jahr)

Hälker, Kurt: »La Femme Allemande« – Irene Wosikowski, in: Informationen (DRAFD), Sonderheft

Hamacher, Gottfried unter Mitarbeit von Andre Lohmar und Harald Wittstock: Deutsche in der Résistance, in den Streitkräften der Antihitlerkoalition und der Bewegung »Freies Deutschland«. Ein biographisches Lexikon, Berlin 2005

Hervé, Florence (Hg.) / Graf, Martin: (Fotogr.): Oradour – Geschichte eines Massakers / Histoire d'un massacre, Köln 2017

Hervé, Florence (Hg.) / Graf, Martin: (Fotogr.): Natzweiler-Struthof – Ein deutsches KZ in Frankreich / Un camp nazi en France, Köln 2015

Herz, Bertrand: Der Tod war überall. Ein Überlebender berichtet, Weimar 2016

Le **journal** de la résistance, (ANACR), No. 1288-1290, 2015

Klarsfeld, Serge / Steinberg, Maxime (Hg.): Die Endlösung der Judenfrage in Belgien, Paris / New York 1985

Kühnrich, Heinz: Der Partisanenkrieg 1939-1945, Berlin/DDR 1965

Langkau-Alex, Ursula: Deutsche Volksfront 1932-1939: Zwischen Berlin, Paris, Prag und Moskau. 3 Bde. Bd. 2: Geschichte des Ausschusses zur Vorbereitung einer deutschen Volksfront, Berlin 2004

Leo, Gerhard: Deutsche im französischen Widerstand – ein Weg nach Europa, Informationen (DRAFD), Heft 8/1999, S. 1-5

Leo, Gerhard: Frühzug nach Toulouse. Ein Deutscher in der französischen Résistance, Berlin/DDR 1988

Morsch, Günter: Französische Häftlinge im KZ Sachsenhausen, Ansprache am 27. Januar 2013

Muracciole, Jean-François: Histoire de la Résistance en France. (Que sais-je?), Paris 1993

Ouzoulias, Albert: Die Bataillone der Jugend, Berlin/DDR 1976

Pech, Karlheinz: An der Seite der Résistance. Zum Kampf der Bewegung »Freies Deutschland« für den Westen in Frankreich (1943-1945), Frankfurt/M. 1974

Pham, Gisèle: Jean Moulin et Caluire, Caluire-et-Cuire 2000

Pikarski, Margot / Uebel, Günter: Der antifaschistische Widerstandskampf der KPD im Spiegel des Flugblattes 1933-1945, Frankfurt/M. 1978

Pineau, Christian: La Résistance, a simple vérité, Paris 1960

Plener, Ulla: Frauen aus Deutschland in der französischen Résistance, Berlin 2007

Prauser, Steffen: Résistance gegen Kollaboration und Besatzungsmacht 1940-1944, in: G. Ueberschär / P. Steinkamp (Hg.): Handbuch zum Widerstand gegen Nationalsozialismus und Faschismus in Europa 1939-1945, Berlin 2011, S. 97-110.

Der **Prozess** gegen die Hauptkriegsverbrecher vor dem Internationalen Gerichtshof Nürnberg 14. November 1945 – 1. Oktober 1946. Amtlicher Wortlaut in deutscher Sprache. Bd. 6, Nürnberg 1947

Schaul, Dora: Résistance. Erinnerungen deutscher Antifaschisten, Frankfurt/M. 1973

Schmid, Bernhard: Vor 70 Jahren in Frankreich: Sommer 1936: Der Front populaire, der Generalstreik und die sozialen Errungenschaften, www.trend.infopartisan.net/trd7806/t207806.html

Selle, Irene (Hg.): Frankreich meines Herzens. Die Résistance in Gedicht und Essay, Leipzig/DDR 1987

Thorez, Maurice: Ein Sohn des Volkes, Berlin/DDR 1961

Thorez, Maurice: Gemeinsam für Frieden, Demokratie und Fortschritt, Berlin/DDR 1965

Triebel, Agnès: Les Français à Buchenwald 1940-1945, Paris (ohne Jahr)

Vercors (Jean Bruller): Das Schweigen des Meeres, Lahr 1946

Wieviorka, Olivier: Histoire de la Résistance 1940-1945, Paris 2013

Zentner, Kurt: Illustrierte Geschichte des Widerstandes in Deutschland und Europa 1933-1945, München 1966

Abkürzungsverzeichnis

BFAL	Brigade Française d'Action liberatrice
CALPO	Comité Allemagne libre pour l'ouest
CERD	Centre Européen du Résistant Déporté
CFNL	Comité français de libération nationale
CFTC	Confédération française des travailleurs chrétiens
CGT	Confédération Générale du Travail (die größte Gewerkschaftsorganisation)
CNF	Comité national français
CNR	Conseil National de la Résistance
COMAC	Comité d'organisation militaire et d'action combattante
FFI	Forces Françaises de l'Intérieur
FTP (FTPF)	Francs-tireurs et partisans Français
MOI	Main d'Œuvre Immigrée
ONAC	Office National des Ancient Combattants et Victimes de Guerre
OS	Organisation Speciale de Combat
PCF	Parti Communiste Français
PPF	Parti Populaire Français
PSF	Parti social français (eine faschistische Partei)
SFIO	Section française de l'Internationale ouvrière (sozialistische Partei)
SOE	Special Operations Executive (Einsatzabteilung der britischen Armee)
STO	Service du travail obligatoire
TA	Travail Allemand